PHILOSOPHISCHES ERBE FÜR EUROPA

II: Philosophie Oberstufe

für den Lateinunterricht in JSt. 11/12

von Kurt Benedicter

Sokrates und die vier großen Philosophenschulen
der Klassischen Antike

Darstellung mit Texten von Cicero, Seneca,
Erasmus von Rotterdam u. a.
sowie Begleittexten aus Mittelalter und Moderne

J. Lindauer Verlag, München

1. Auflage – Reformierte Rechtschreibung

Unveränderter Druck 5 4 3 2 1 / 2012 11 10 09 08
Die letzte Zahl bedeutet das Jahr dieses Druckes.
Alle Drucke dieser Auflage sind, weil untereinander unverändert, nebeneinander benutzbar.

Gesamtherstellung: Friedrich Pustet, Regensburg
ISBN 978-3-87488-212-5

1. Inhaltsverzeichnis

Vorspann:

Die 6 Texteinheiten:

Anhang:

2. Vorwort

Der neue Lehrplan für Latein sieht für die Oberstufe als ersten Themenblock „Philosophie als Wegweiserin für die Lebensbewältigung in schwierigen Situationen“ vor. Vor allem anhand von Ciceros und Senecas entsprechenden Schriften sollen die Schüler „ihre in JSt 10 erworbenen philosophischen Kenntnisse festigen und erweitern und so einen vertieften Einblick in die Bedeutung der antiken Philosophie für das Abendland gewinnen. Die verschiedenen Denkansätze antiker Philosophie regen die jungen Erwachsenen an, über den Sinn ihres Lebens nachzudenken und ermutigen sie, eigene Wege der Lebensgestaltung zu suchen und sich von vordergründigen Wertvorstellungen zu lösen.“

Der Band versucht, in diesem Sinn eine Begegnung mit der antiken Philosophie, dem höchsten Gut des altsprachlichen Unterrichts, in einer systematischen Darstellung der vier großen philosophischen Schulen der Antike zu geben. Nach der *Philosophischen Propädeutik* in JSt 10 mit einer grundlegenden Einführung in die Philosophie und ihre Arbeitsbereiche vertieft er die gewonnenen Erkenntnisse und erfasst mit Beschränkung auf das Wesentliche die Lehrmeinungen der klassisch-antiken Philosophenschulen und ihre wichtigsten Vertreter von Sokrates bis zu Platon und Aristoteles, von der Stoa bis zu Epikur in ihren Kernaussagen zur Naturphilosophie (Physik), Dialektik/Logik/Erkenntnistheorie, Ethik und Staatsphilosophie. Wo keine lateinischen Übersetzungen die Aussagen der griechischen Philosophen belegen konnten, wurden auch ergänzende deutsche Übersetzungen griechischer Texte und kommentierende Informationen eingebracht.

Der Band zielt daraufhin, die Grundzüge der antiken Philosophie nicht zufälligen Begegnungen mit diesem oder jenem Einzelfall zu überlassen, sondern sie systematisch herauszuarbeiten, d. h. mit entsprechenden Texten auf den jeweiligen Standpunkt der Schulen (Akademie, Peripatos, Stoa und Epikur) – gegliedert nach den genannten Arbeitsgebieten – einzugehen. Selbstverständlich werden dabei auch wichtige philosophische Einzel- und Grundbegriffe wie *ratio, virtus, summum bonum, honestum, vita beata* mit entsprechenden Texten behandelt. Dieses systematische Angebot erleichtert auch die vergleichende Lernarbeit, z. B. die Gegenüberstellung der ethischen Haltung von Stoa und Epikureern. Begleittexte aus der frühchristlichen und modernen Zeit wurden eingearbeitet, um das Weiterwirken der antiken Philosophie zu dokumentieren.

Der Vorspann bringt für Schüler, welche die Propädeutik nicht erfahren haben, als Hinführung, für die anderen als vertiefende Wiederholung die *Einführung in den Gegenstand und zu den Text-Autoren* ebenso wie *Hinweise zur sprachlichen Arbeit* (Redefiguren, kurze Wortbildungslehre), vor allem aber einem *Grundwortschatz für die Philosophie-Lektüre* (S. 11–14), dessen Beherrschung die Übersetzungsarbeit erheblich erleichtern kann. Im Anhang finden sich ein *Eigennamenverzeichnis, zusammenfassende Übersichtstafeln zu den Texteinheiten*, eine *Zeittafel*, ein *Literatur-Verzeichnis* und eine *textbezogene Karte des Mittelmeerraumes*. Die (fast ausschließlich farbige) Bebilderung fällt bei diesem Gegenstand zwangsläufig weniger üppig aus, bietet aber genug Material für die Textinterpretation, vor allem auch Skizzen und schematische Darstellungen, wo dies nötig und möglich war.

Kurt Benedicter

3. Einführung in den Gegenstand und die Autoren

3.1 Wiederholende Einführung in die Philosophiegeschichte

Das Wort *Philosophie*, das wörtlich übersetzt „Liebe zur Weisheit bedeutet", stammt ursprünglich aus dem Griechischen (zu griech. *philosophía* > auch Band I, Propädeutik, S. 5 und S. 16, 1.1*)* und auch die Entwicklung der klassisch-antiken Philosophie vollzog sich im Wesentlichen bei den Griechen. In der griechischen Literatur finden sich daher auch die Textquellen, an denen sich Cicero und Seneca orientierten. Freilich sind sehr viele dieser griechischen Quellen vor Cicero nicht in die lateinische Sprache übersetzt worden oder dort erhalten geblieben, wie man seinem Zeugnis in den *Tusculanae disputationes IV 6* entnehmen kann:

„Itaque illius verae elegantisque philosophiae …
nulla fere sunt aut pauca admodum Latina monumenta."

Um so wichtiger ist das Wirken Ciceros, der selbst viele griechische Quellen erschlossen und überliefert hat.

Das Philosophieren begann damit, dass Menschen die Natur des Alls, aber auch das eigene Wesen in Frage stellten und in methodischem Bemühen zu erkennen suchten. Die bekannteste und vielleicht auch ursprünglichste Definition der Philosophie lautet: **„Philosophie ist die Wissenschaft von den göttlichen und menschlichen Dingen und deren Ursachen."** (Lexikon der Alten Welt, S. 2305). Schon die ältesten Philosophen der vier großen griechischen Philosophenschulen lassen erkennen, dass sie ihre Themen und Probleme systematisch angehen wollen. So entstand bald die Einteilung der Philosophie in die Bereiche

Naturphilosophie – Logik/Erkenntnistheorie – Ethik,

welch letzterer anfangs auch die **Staatsphilosophie** (später ein eigener Bereich) zugerechnet wurde.

Die **Naturphilosophie** beschäftigte sich mit Metaphysik / Theologie, Kosmologie, Astronomie, Geographie, Biologie und anderen naturwissenschaftlichen Arbeitsgebieten.

Der Arbeitsbereich **Dialektik/Logik** befasste sich mit der Dialektik/Rhetorik, mit den vernunftgemäßen Schlussfolgerungen, also der sogenannten formalen Logik; mit der Erkenntnistheorie und mit der **Ontologie**, d. h. mit dem Unterschied zwischen dem Nur-Scheinen und dem wirklichem Sein.

Die **Ethik** war die Lehre von den Zielen des Handelns, von den Tugenden und Lastern; die Affekte spielten eine bedeutende Rolle.

Die (häufig auch der Ethik zugeordnete) **Staatsphilosophie** (s. o., Z. 22) untersuchte Sinn, Wesen und Aufbau des Staates und seine optimale Führung durch den idealen Staatsmann.

In kurzen Zügen kann man mit dem „Lexikon der Alten Welt" (S. 2306) die epochenmäßige Entwicklung der griechischen Philosophie folgendermaßen darstellen:

- Sie beginnt mit der aufklärerischen Naturphilosophie der Ionier, den sogenannten „Vorsokratikern".
- Sokrates „holt die Philosophie vom Himmel auf die Erde"; er befasst sich mit den guten und schlechten Verhaltensweisen der Menschen.
- Platon bringt als Schüler des Sokrates die Dialektik ein, Aristoteles systematisiert zusammen mit ihm die gesamte Philosophie.
- Der Philosophie der Akademie Platons und der Peripatetiker des Aristoteles setzen die Stoiker Zenons und die „Gartenphilosophen" Epikurs kritische Alternativmodelle entgegen.

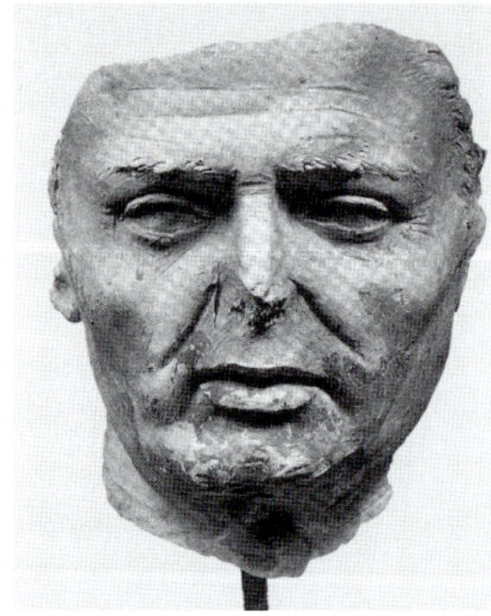

Unergänzter, zeitgenössischer Terrakottakopf Ciceros ‚voll packenden Lebens' München, Museum antiker Kleinkunst

3.2 Zu Cicero

Der römische Rhetor, Politiker und Philosoph **Marcus Tullius Cicero** (106–43 v. Chr.) verbrachte seine Lehrjahre (bis 82) in Rom und vervollständigte seine Bildung im philosophischen und juristischen Bereich bei einem Studienaufenthalt in Griechenland und Kleinasien (79–77). Dank seiner enormen rednerischen Begabung konnte er schnell große Erfolge als Prozess-Anwalt erzielen und machte dann die senatorische Laufbahn mit den Stationen Quästor (75), Aedil (69) Prätor (66), ehe er – als *homo novus* gegen den Widerstand der Nobilität – das Konsulat erreichte (63). Mit diesem Aufstieg geriet er in den Strudel der politischen Machtkämpfe um Caesar und Pompeius; 58 drängte ihn sein persönlicher Feind Clodius ins Exil nach Thessalonike und Dyrrhachion, von wo er 57 nach Rom zurückkehren durfte. In den folgenden Jahren schrieb er seine literarischen Meisterdialoge über den vollendeten Redner (*De oratore*) und über die ideale Staatsform bzw. den idealen Staatsmann (*De re publica*). 51 musste er widerwillig das Prokonsulat in Kilikien führen. 50 nach Rom zurückgekehrt, suchte er zwischen Caesar und Pompeius, dem er mehr zuneigte, zu vermitteln. Nach dem Sieg Caesars wurde er 47 von diesem begnadigt. Hart traf ihn der Tod seiner geliebten Tochter Tullia (45). Nachdem er zum Kampf gegen Antonius aufgerufen hatte, konnte er im Dezember 44 im Senat die ersehnte Führungsstelle übernehmen, wurde aber 43, als sich nach der Ermordung Caesars die beiden Rivalen Antonius und Augustus (in einem Triumvirat mit Lepidus) einigten, eines der ersten Opfer der Proskription.

In den letzten Jahren seines Lebens entstanden folgende bedeutende philosophische Werke, aus denen viele der Texte im Band stammen (Cicero hat ja nicht nur in Griechenland philosophische Vorlesungen gehört, sondern auch selbst versucht, die Kernthemen der griechischen Philosophie mit den nachfolgend beschriebenen Werken ins Lateinische zu übertragen):

- ***De finibus bonorum et malorum*** behandelt in fünf Büchern die grundlegenden Lehrmeinungen der philosophischen Schulen des Peripatos, der Stoa und des ‚Kepos' Epikurs zur Ethik.
- In den als Ergänzung dazu zu verstehenden ***Tusculanae disputationes*** (als „praktische" Ethik) geht Cicero auf einzelne Bereiche der Ethik näher ein, z. B. auf die Affekten-Lehre der Stoa.
- Der erhaltene Teil der ***Libri Academici*** befasst sich vor allem mit der Erkenntnistheorie.
- In den drei Büchern ***De natura deorum*** behandelt Cicero naturphilosophische und theologische Probleme und berührt dabei auch die physikalischen Lehren der Stoa und Epikurs, denen er die Kritik der Akademiker gegenüberstellt.
- In dem grundlegenden, nicht vollständig erhaltenen Werk ***De re publica***, welches auf Platons Werk „Der Staat" (*politeía)* zurückgeht, hat Cicero staatsphilosophische Lehren der griechischen Philosophenschulen mit den Grundauffassungen römischen politischen Denkens zu einer Einheit verbunden und sicher das Werk geschaffen, welches für ihn selbst als echten Römer das wichtigste war.
- In seinem letzten opus ***De officiis*** geht es Cicero um die Grenzen des rechten Handelns, dargestellt am Konflikt zwischen dem *utile* und dem *honestum.*

3.3 Zu Seneca

Der römische Philosoph Lucius Annaeus Seneca ist etwa um das Jahr 4 v. Chr. in einer begüterten, ritterlichen römischen Familie – schon sein Vater war wahrscheinlich römischer Beamter und war ebenfalls literarisch tätig – in Cordoba geboren. Er kam früh nach Rom und erhielt dort die übliche Ausbildung beim *grammaticus* und *rhetor*. Durch Sotion (einen Vertreter der pythagoreischen Richtung der Stoa) und den Stoiker Attalus wurde er in die Philosophie eingeführt. Nach längerem Aufenthalt in Ägypten kehrte er 31/32 nach Rom zurück, wurde Quaestor und trat in den Senat ein. Im Jahre 50 war er Praetor. Als Redner und Literat nahm er unter Caligula eine führende Stellung ein, war aber dann wegen angeblichen Ehebruchs mit dessen Schwester (wahrscheinlich eine Intrige der Messalina) von 41–49 nach Korsika verbannt. Als Erzieher des jungen Nero eingesetzt, versuchte er, ihn im günstigen Sinn zu beeinflussen, und hatte auch in den ersten Regierungsjahren dieses Kaisers eine sehr einflussreiche und auch einträgliche Stellung im politischen Leben in Rom inne. De facto lenkte er zu dieser Zeit mit dem Gardepräfekten Burrus das römische Weltreich und drängte den Machtanspruch der Agrippina zurück.

55/56 wurde er Konsul. Im Jahre 65 verdächtigte ihn Nero, an einer Verschwörung gegen ihn teilgenommen zu haben, und er musste auf Weisung des Kaisers Selbstmord begehen. Seneca schrieb seine Werke in einem knappen, mit Sentenzen durchsetzten Stil; er verfasste neben uns weniger verständlichen pathetischen **Lesedramen (z. B. *Octavia*)** popularphilosophische Werke über Probleme der Ethik und der Naturphilosophie, darunter die ***Epistulae morales*** und die ***Naturales Quaestiones***. Die Briefe sind in appellativer Weise an einen (vielleicht fiktiven) Gesprächspartner Lucilius gerichtet, der mit Entgegnungen und Fragen zur richtigen Entwicklung des Gedankengangs beiträgt. Seneca will ihn durch sein Vorbild zum richtigen Leben anhalten. Dieser Gesprächspartner spielt übrigens die gleiche Rolle in Senecas Dialogen (z. B. ***De providentia, De constantia sapientis, De ira, De vita beata, De brevitate vitae***). Die Briefe vermitteln aber auch eine Vorstellung von den Problemen der Zeit und von Senecas Ringen um die Wiedergewinnung einer verantwortlichen, freiheitlicheren ethischen Haltung, wobei Seneca seine reiche Lebenserfahrung in mannigfaltiger Weise mit einbringt. Seine von Menschlichkeit erfüllte stoische Ethik berührt sich dabei vielfach mit dem Christentum, so dass ihn manche Kirchenväter für einen Christen hielten.

Lucius Annaeus Seneca in einer Doppelherme aus dem 3.Jh. n. Chr. (Berlin, Antikensammlung)

3.4 Zu Erasmus von Rotterdam

Der große Humanist Erasmus von Rotterdam (1466–1536) kam nach der Erziehung im Kloster Gouda 1491 als Schützling des Bischofs nach Cambrai, wo er 1492 zum Priester geweiht wurde. Seine Sprachkenntnisse erwarb er sich als Autodidakt. Er lehrte in England (London), wo er zum Freund des großen Humanisten Thomas Morus wurde, in Frankreich (Paris), Italien (Turin) und Deutschland. Dort diente er Karl V. als kaiserlicher Rat. 1506 promovierte er in Turin zum Doktor der Theologie.

Im Innersten ein Befürworter der Reformation, ging ihm, dem Humanisten, Luther doch viel zu drastisch vor. Da auch die katholische Kirche seiner humanistisch-liberalen Gesinnung sehr misstrauisch begegnete, geriet er, der „in jeder Form von Gesinnungsunduldsamkeit das Erbübel unserer Welt erblickte" (Stefan Zweig), zwischen die Fronten.

Auf dem Höhepunkt seiner wissenschaftlichen Arbeit ließ er sich 1516 in Basel nieder, wo fast alle seine Schriften (u.a. das ***griechische Neue Testament*** mit lateinischer Übersetzung) gedruckt wurden.

In den hier verwendeten ***Apophthegmata*** sammelte er für den Sohn des Fürsten von Cleve eine Art „Readers Digest", mit besonders lehrreichen Auszügen bzw. Berichten aus den Werken antiker Schriftsteller.

Apophthegmata sind – wörtlich aus dem Griechischen übersetzt – zunächst einmal einfach „Aussprüche". Insgesamt betrachtet reicht aber die Bedeutung des Wortes von witzigen, geistreichen Aussagen bis zur Gattung der Anekdote oder kurzen Erzählung. In einem Begleitbrief an den Fürsten definiert Erasmus selbst den Begriff der *Apophthegmata* näher mit *egregie dicta* und bezeichnet sie als eine Hilfe für Verantwortung tragende Persönlichkeiten, um schnell für den jeweiligen Anlass entsprechende Vorbilder zu haben, *wie man handeln solle und was man unterlassen müsse*, also sich richtig verhalten zu können.

Erasmus von Rotterdam
(gemalt von Hans Holbein für Froben in Basel)

4. Zur sprachlichen Arbeit

4.1 Stil- und Redefiguren

Für die Lektüre philosophischer Texte kann die Kenntnis der dort besonders häufig vorkommenden Redefiguren (> die folgende Übersicht) sehr hilfreich sein und das Erfassen der Konstruktionen erleichtern. Die häufigsten Figuren (mit Beispielen aus den Textkapiteln):

1. Als **Alliteration** bezeichnet man es, wenn kurz aufeinanderfolgende sinngemäß zusammengehörige Wörter mit dem gleichen Anfangsbuchstaben beginnen, z. B.: ***quam*** ***q**uanti* ***q**uaeque earum rerum est* … (T 6.4.4)
2. Die **Anápher** wiederholt das gleiche Wort am Anfang von Sätzen oder Satzgliedern, z. B.: ***ut** amici, **ut** fratres, **ut** propinqui, **ut** affines* … (T 6.5.2)
3. Beim **Asyndeton** entfällt die verbindende Konjunktion, z.B. *cui sunt adiunctae pietas, bonitas, liberalitas, benignitas, comitas* (T 6.5.1)
4. **Parallelismus** heißt der gleichmäßige Aufbau sich entsprechender Satzabschnitte, z.B.:
   … ut alia in primo ortu perficeret,
   alia progrediente aetate fingeret (T 6.4.3)
5. Als **Chiasmus** (nach dem griechischen Buchstaben X = Chi) bezeichnet man die Überkreuzstellung von Satzgliedern, z.B.:
   fuga desidiae
   voluptatumque contemptio (T 5.4.1)
6. Beim **Homoiotéleuton** liegt Gleichklang der Endsilben entsprechender Wörter vor: *… mentem vige**ntem** uberrimeque agit**antem*** (T 5.5.2).
7. Als **Hypérbaton** bezeichnet man die Trennung zusammengehöriger Wörter durch die Zwischenschiebung anderer, z. B.: *ex **hac** tamquam omnium artificum **officina*** (T 6.1.2)

4.2 Besonders häufige Erscheinungen der Wortbildungslehre

4.2.1 Besonders häufig und entsprechend hilfreich ist es, noch nicht gelernte Substantive / Adjektive durch Kenntnis der Bildungssuffixe von bekannten Verben / Adjektiven ableiten zu können. Folgende Suffixe drücken beim Substantiv aus …

-or: die handelnde Person	**-io** oder **–ium**: die Tätigkeit, das Ergebnis
-mentum: das Mittel	**-itia** oder **–itas**: den Zustand, die Haltung
-itudo: Eigenschaft	**-us**, (Gen.-us): Tätigkeit, Ergebnis

Beispiele:

desertor < deserere	mutatio > mutare	refugium < fugere
argumentum < arguere	abundantia < abundare	infinitas < finire
similitudo < similis	ortus < oriri	consensus < consentire

4.2.2 Sehr häufig werden Adjektive (Endungen **–osus, -ibilis, -idus**) von Substantiven oder Verben gebildet. Beispiele:

copiosus < copia inexplicabilis < explicare turbidus < turbare

4.2.3 Auf die Ableitung der Bedeutung mancher lateinischer Wörter vom entsprechenden deutschen Fremdwort wird im Sub-Linea-Kommentar hingewiesen.

4.3 Spezifischer Wortschatz für die Lektüre philosophischer Texte

gegliedert in einen allgemeinen und – nach den vier Arbeitsbereichen der Philosophie – in einen spezifischen Teil. Im Sub-linea-Kommentar wird an entsprechenden Stellen hierher verwiesen.

4.3.1 Allgemein in den Philosophie-Texten häufiger Wortschatz:

acutus	scharfsinnig, spitzfindig
alioquin	ansonsten
an	ob (Partikel der indirekten Frage mit Konjunktiv)
atqui	nun aber, aber doch
cogitatio	Denken, Gedanke, Denkvermögen, Vorstellungskraft
cognitio rerum	Erkenntnis der Dinge / der Vorgänge
consentaneus (cum/Dat.)	übereinstimmend (mit), folgerichtig, vernunftgemäß
constituere	festlegen, bestimmen, annehmen
contemplatio	Betrachtung, Beobachtung
continere	einschließen, enthalten, umfassen; Pass.: beruhen (auf)
cum … tum …	sowohl … als insbesondere …
disciplina	(Philosophen-) Schule, Disziplin, Ordnung; Lehr-/Unterrichtsmethode, Wissenschaft
disciplinae/artes/doctrinae liberales (ingenuae)	die höheren / edlen (eigtl.: freien) Wissenschaften
doctor	Gelehrter, Lehrer
ex aequo	mit gleichem Recht, aus gleicher Position heraus
exsistere	entstehen, hervorgehen, erwachsen aus
(con-) fingere	bilden, gestalten, ersinnen, sich vorstellen
ignorantia	Unkennntnis, Unwissen
ingenuae (> disciplinae)	höhere, edle (Wissenschaften)
instituta	Lehrmeinungen, Lehreinrichtungen
liberalis (> disciplinae)	> *disciplinae liberales*
mediocriter	mittelmäßig, maßvoll (S.: mediocritas)
necesse est (mit Konj.)	notwendigerweise
obicere	zum Vorwurf machen, vorwerfen
occupari	mit etwas befasst / beschäftigt sein
opinari (Subst.: opinio)	meinen, eine Auffassung vertreten
peccare	sich verfehlen, ein falsche Meinung vertreten
percontari	fragen, nachfragen
perspicuus	leicht durchschaubar, offensichtlich
ponere	sich äußern; eine These aufstellen; etwas annehmen
ponere (mit in + Abl.) PPP positus in	(zu etwas) rechnen; (Pass.:) sich ergeben als gelegen sein in, beruhend auf
praescriptum	Vorschrift, Anweisung
profectus, -us	Fortschritt
profiteri	als Beruf angeben, für sich in Anspruch nehmen
propositum (V. proponere)	Vorsatz, Plan, Zweck, Zielsetzung (als Ziel setzen)
qui	wie? auf welche Weise?
quispiam	irgendeiner, irgendwer
quivis, quaevis, quidvis	jeder der, jeder Beliebige
ratio (vivendi)	(Lebens-) Weise, Art, Stil, Form
referre (ad / aliquo)	beziehen (auf etwas), ausrichten (nach jmd.), zurückkommen auf etwas
schola	Lehr- / Hörsaal, Schulraum
scilicet	natürlich, freilich, selbstverständlich
(con-) sequi (alqm.)	sich der Meinung jmd.s anschließen
studiosus sapientiae	ein Erkenntnis Suchender, ein Philosoph

vel (maximus)	selbst / sogar (der Größte)
via et ratio	eine (bestimmte) Methode
vicissim	wechselweise, umgekehrt, andererseits

4.3.2 Naturphilosophie (pars naturalis):

anima, animus / animans	Seele, Geist / beseeltes Wesen (animal!)
átomus (f.!!) / átomon	kleinstes unteilbares Körperchen, Atom
caelestia	das Überirdische, Himmelskörper, Astronomie
causa (movens)	die (bewegende) Ursache, Energie
corpus	Leib, Körper (im physikal. Sinn)
discriptio et modus (rerum)	Einteilung, Aufteilung, Gliederung (der Formen)
elementum	Grundstoff, Element, Urkeim, Urbaustoff
explicatio	Erklärung, Erforschung, Deutung, Erläuterung
imagines (griech.: *eídola*)	Abbilder, Ebenbilder (Trugbilder, Traumbilder)
inane	das Leere, der leere Raum
individuus (S.: individuum)	unteilbar (S. auch Atom)
infinitus … definitus (Subst.) infinitas	unbegrenzt, unendlich … begrenzt, bestimmt Unbegrenztheit, Unendlichkeit
interitus	Untergang, Vergehen, Erlöschen
investigare	untersuchen, erforschen
materia	Materie, (Grund-) Stoff, Problem, Veranlagung
natura	Natur, natürliche Beschaffenheit; Wesensart; Grundstoff, Element; Welt, Weltall, Schöpfung
natura rerum	Ursprung/Wesen der Erscheinungsformen
necessitas (gr.: anángke)	Zwangsläufigkeit, Verhängnis, Schicksal
nullo a principio	ohne Anfang, ohne Ursprung
oriri (S.: ortus, -us)	entstehen (Ursprung, Anfang, Herkunft)
persequi	(philosoph.:) erforschen, untersuchen
princeps (S.: principium)	ursprünglich (Ursprung, Element der Natur
qualitates	Qualitäten, Beschaffenheiten, Faktoren
rerum natura	das Wesen / die Beschaffenheit der Dinge
rerum causae	Ursachen der Dinge / Erscheinungsformen
res occultae et a natura involutae	der unerforschte Bereich der Natur
sensus,-uum	Sinne(sorgane), sinnliche Wahrnehmung
stirps	Gattung, Art, Nachkommenschaft
vis (efficiens)	die bewirkende Kraft, Energie, aktives Element

4.3.3 Dialektik/Logik/Ontologie (pars rationalis et disserendi):

ambire	um … herum gehen, von allen Seiten angehen
argumenta (argumentationes)	Beweise (Beweisführung)
causa	Ursache, (Ur-) Grund, Bestimmungskategorie
causae atque rationes	Ursachen und Prinzipien
complecti mente (> mente c.)	geistig / verstandesmäßig erfassen
concludere (perfecta / rationem)	Schlüsse ziehen, folgern
consequens (> repugnans)	folgernd, folgerichtig (> das dt. Fremdwort!)
copiosus	wortreich, gedankenreich, beredt
definire rem (Subst.: definitio)	einen Begriff bestimmen
diiudicare (z. B. vera et falsa)	unterscheiden, auseinanderhalten, trennen
disertus	redegewandt
dispertire genera	Arten unterscheiden
disserere	erörtern, diskutieren
disserendi ratio et scientia	Bereich und Wissenschaft der Dialektik / Logik; Lehre von den Beweisen

dissignare	aufteilen, ordnen
distinguere (aber discrimen)	unterscheiden, auseinanderhalten
dividere	einteilen, untergliedern
eídos (griech.)	Aussehen, Gestalt, Urbild (> auch ,Idee')
forma	(Ur-) Form, das im Geist entworfene Ideal
idéa	die (platonische) Idee (> *eídos* und *species*); der ideelle Begriff hinter der Erscheinungsform
in utramque / contrarias partem / partes disputare	nach beiden / nach gegensätzlichen Seiten / Richtungen / Meinungen diskutieren
invenire	herausfinden, erdenken, Ideen haben
materia	Thema, Problem, Stoff, Anlass (für)
mente complecti	geistig / verstandesmäßig erfassen
moventia	Beweggründe
notio / notitiae	(Er-)Kenntnis, Vorstellung, Begriffsbildung
partiri	Abteilungen bilden, zuteilen
per se	an sich, für sich allein (schon), grundsätzlich
ponderare (res)	(Vorgänge) richtig gewichten
propositum	Zweck, Ziel(-setzung), Vorhaben, Plan
proprietas (verborum)	spezifische Bedeutung (von Wörtern)
putare	veranschlagen, für etwas einschätzen
quaerere (Subst.: quaestio)	untersuchen (Fragestellung, Untersuchung)
ratio	Vernunft, Verstand, Überlegung; vernunftgemäßes Handeln; Verfahren, System, Theorie
redarguere / refellere	widerlegen
repugnans (> consequens)	widersprüchlich, gegensätzlich
res ponderare	Vorgänge (richtig) gewichten
sequentia adiungere	folgern, Folgerungen ziehen
species	Form, Vorstellung (besonders für die > ,Idee')
subtilis (Subst.: subtilitas; Adv. subtiliter)	genau, präzise, scharfsinnig (Genauigkeit, Feinabstimmung, Scharfsinnigkeit)
varius	variabel, vielfältig
veritas iudicandi	realistisches / wahrheitsgemäßes Urteil
velle	eine Meinung nachdrücklich vertreten

4.3.4 Ethik (pars moralis):

actio	Handlung, Handlungsweise, Verhalten
affectus (passiones)	Leidenschaften, Geisteshaltung
ataraxía (griech.)	Zustand der Gemütsruhe
bonae res et malae/bona et mala – bonum	das Gute und das Schlechte – ein Gut, ein Wert, eine gute Handlung
extremum / ultimum / summum bonum / malum	das höchste Gut / Übel
finis (rerum / bonorum)	(höchstes) Ziel (des Handelns), höchstes Gut
fortuita	das, was einen im Leben zufällig trifft
honestum (Gegensatz: turpe) Subst.: honestas	das anständige / ehrenhafte Verhalten, der Bereich des Ehrenhaften, Anstand, Würde, Ehre
inquitas	Ungerechtigkeit
iracundia	Jähzorn, Unbeherrschtheit, Unmäßigkeit
mores hominum	das ethische Verhalten der Menschen
passiones (> affectus)	Leidenschaften
perturbatio (animi)	(Sinnes-) Verwirrung, unklares Denken
ratio bene vivendi	die richtige Art eines glücklichen Lebens

res ap- expetendae / fugiendaeque	was man erstreben / meiden muss; die Ziele ethischen Handelns
temperantia	(weise) Mäßigung, Zurückhaltung
tranquillitas (> *ataraxía)*	stoisches Ideal ruhiger Gelassenheit
utile (Subst.: utilitas)	das Nützliche, der Nützlichkeitsstandpunkt
virtus	Tugend, werthaftes Verhalten, Sittlichkeit
vita beata	das glückselige Leben, (griech.: *eudaimonía)*

4.3.5 Staatsphilosophie (pars civilis):

animal sociale	gemeinschaftsbildendes Wesen
arbitrium	willkürlicher Macht- / Schiedsspruch, Willkür
capessere rem publicam	die Staatsführung an sich reißen
caritas generis humani	Liebe zum Menschengeschlecht
civilis (Subst.: civile)	gesellschaftlich, politisch, staatsbürgerlich (der politische Bereich)
civitas popularis	Demokratie
civitas (civitates)	Bürgerschaft (Staatsbildungen, politische Gebilde)
coetus (< co-ire)	Zusammenschluss, Zusammenleben
cognatio	(Bluts-) Verwandtschaft
communicatio utilitatum	Bemühung um den gemeinsamen Nutzen
communis utilitas	Gemeinnutz, Gemeinnützigkeit
communitas	Gemeinschaft, Gemeinsinn, Allgemeinheit
concilia	gemeinsame Planung, politische Gremien
coniunctio hominum (inter homines)	Zusammenschluss der Menschen (untereinander), (bürgerliche) Gemeinschaft
consensus iuris	Übereinstimmung in Rechtsfragen
constituere rem publicam	dem Staat eine Verfassung geben
iustitia	Gerechtigkeit, Gerechtigkeitssinn, Billigkeit, Angemessenheit, gerechtes Verfahren
leges politicae	die politische Gesetzgebung
locus civilis (griech.: *tò politikón* > auch civile!)	Bereich des Staats, öffentliches Leben
modice temperare	maßvoll lenken
officia	Aufgaben, Pflichten, pflichtbewusstes Verhalten
optimates	die Vornehmen, der Adel, die Aristokratie
politica philosophia	Staatswissenschaft, Staatstheorie
politikós (griech.)	die *pólis* betreffend, politisch, staatlich
popularis	das Volk betreffend, politisch, demokratisch
privatim … publice …	die Privatsphäre … die Öffentlichkeit betreffend
publicus	das Volk betreffend, öffentlich, staatlich
rerum publicarum rectio	die Lenkung des Staats
rem publicam capessere	die Staatsführung an sich reißen
res publica (res publicae)	der Staat, das Staatswesen (öffentl. Angelegenh.)
societas coniunctionis humanae	Gemeinschaft der menschlichen Verbindungen
societas et communicatio utilitatum (> auch oben)	Zusammenarbeit der Bürgergemeinschaft zum gemeinsamen Nutzen
societas humana	die menschliche Gemeinschaft / Gesellschaft
societas rei publicae	Staatsgemeinschaft
status (rei publicae)	Zustand, die Verfassung des Staates
summa omnium rerum	Oberhoheit im Staat
tueri (alqd)	Sorge tragen (für etwas), schützen, bewahren, er-/einhalten
utilitas civium	Nutzen für die Bürgergemeinschaft
utilitas communis / publica	Gemeinwohl, Staatswohl, öffentliches Wohl
vita communis	das Leben in der Gemeinschaft

5. Hinweise zur Benützung des Bandes

Kürzel:	**Abkürzungen und Hilfen:**
SLK	**SLK**: Sub-linea-Kommentar. Dieser Kommentar enthält alle für die Übersetzung des jeweiligen Texts notwendigen Wortangaben mit genauer Zeilenbezeichnung. Bei einem Ⓚ sind Konstruktionshilfen angeboten. Bei ableitbaren Wörtern wird mit dem Zeichen < (= ableitbar von) auf das entsprechende bekannte Wort verwiesen (z. B. conservatio < conservare). Namen sind im Eigennamenverzeichnis > (ENV S. 105–107) nachzuschlagen.
PhW	**PhWSch:** Bei Wörtern, die auf den Seiten 11–14 im speziellen Wortschatz für die Philosophie-Lektüre aufgeführt werden, wird im SLK ohne Angaben dorthin verwiesen (z. B. > PhWSch 4.3.1, S. 11).
ENV	**ENV:** Ähnliches gilt für die Eigennamen (die **nicht** im SLK erläutert werden) und das Eigennamenverzeichnis S. 105–107, (z. B. > ENV, S. 105). Dort können alle in den Texten vorkommenden Namen, soweit es sich nicht um *hápax legómena,* also nur einmal vorkommende Namen, handelt, nachgeschlagen werden. In der Regel sind der Geburtsort, die Geburtszeit und ein kurzer Hinweis auf Stellung oder Tätigkeit gegeben. Auf zusätzliche Informationen vorne bei den Texten wird verwiesen, wenn sich dort eine umfassendere Darstellung findet.
WBL	**WBL:** Hinweise zu wichtigen Grundlagen der Wortbildungslehre (S.10)
Eckstein	Mit **„Eckstein“** ist bei den entsprechenden Texten jeweils mit Kapitel und Seitenangabe auf den „Abriss der griechischen Philosophie“ von Franz Eckstein verwiesen (> Literaturverzeichnis 116–118).
Capelle	Bei **„Capelle“** gilt Gleiches für sein Werk „Die Vorsokratiker“ bei den entsprechenden Texten. Da es sich dabei oft um Zitate handelt, ist dann natürlich auch der Fundort des Zitats mit angeführt.
Karte	Der Hinweis **„> Karte“** betrifft eine textbezogene Karte des Mittelmeer-Raumes, die für das Nachschlagen von Länder-/Insel-/Städtenamen auf S. 119 zur Verfügung steht; dort sind alle im Band vorkommenden Ortsnamen und natürlich alle für die damalige Zeit wichtigen Orte enthalten. Auf ein Ortsnamenverzeichnis wurde bewusst verzichtet, um die Schüler zur direkten Information auf der Karte anzuhalten.
E	**Ergänzungstexte,** meist Übersetzungen von griechischen Originalen, sind mit **E** hinter der Nummerierung gekennzeichnet. Dabei handelt es sich in der Regel um deutsche Übersetzungen von griechischen Originaltexten, wo im Lateinischen kein adäquater Text zur Verfügung stand.
B	Unter dem Abkürzungszeichen **B** hinter der Nummerierung finden sich Begleittexte aus der frühchristlichen und modernen Philosophie.
K	**Kommentierende Aussagen** aus einschlägigen Werken (wie z.B. aus Eckstein oder Capelle (s. o.) tragen ein **K** hinter der Text-Nummerierung.
S	**S** weist auf einige wenige Sentenzen hin.
m. A.	**m. A.** bedeutet (bei wenigen Textstellenangaben) „mit Auslassungen“.
Druck u. Satz	Bei inhaltlich oder konstruktionsmäßig schwierigeren Texten wird, wo dies nötig und hilfreich schien, Hilfe durch drucktechnische Hervorhebung oder optisch-strukturierende Anordnung des Texts angeboten.
ÜS / T	Im Sublinea-Kommentar: ÜS = Überschrift – T = Text

1 Hinführung zur Lektüre philosophischer Texte

Philosophenbüste aus Bronze: gefunden 1754 in Herculaneum; bis 1813 für Seneca gehalten (sog. Pseudo-Seneca), Nationalmuseum Neapel

1.1 Was führt Menschen zum Philosophieren?

(Aristoteles, Metaphysik A 982, b – Übers.: Franz F. Schwarz)

1.1.1 E Weil sie sich nämlich wunderten, haben die Menschen zuerst wie jetzt noch zu philosophieren begonnen; sie wunderten sich anfangs über das Unerklärliche, das ihnen entgegentrat. Allmählich machten sie auf diese Weise Fortschritte und stellten sich über Größeres Fragen.

(Karl Jaspers: Einführung in die Philosophie, S. 16 f.)

1.1.2 B Erstens: Plato sagte, der **Ursprung der Philosophie sei das Erstaunen**. Unser Auge hat uns „des Anblicks der Sterne, der Sonne und des Himmelsgewölbes teilhaftig werden lassen". Dieser Anblick hat uns „den Trieb zur Untersuchung des Alls gegeben. Daraus ist uns die Philosophie erwachsen, das größte Gut, das dem sterblichen Geschlecht von den Göttern verliehen ward" … **Sich Wundern drängt zur Erkenntnis**. Im Wundern werde ich mir des Nichtwissens bewusst. Ich suche das Wissen, aber um des Wissens selber willen, „nicht zu irgendeinem gemeinen Bedarf". Das Philosophieren ist wie ein Erwachen aus der Gebundenheit an die Lebensnotdurft …

Zweitens: **Habe ich Befriedigung meines Staunens und Bewunderns in der Erkenntnis des Seienden gefunden, so meldet sich bald der Zweifel**. Zwar häufen sich die Erkenntnisse, aber bei kritischer Prüfung ist nichts gewiss. Die Sinneswahrnehmungen sind durch unsere Sinnesorgane bedingt und täuschend … Unsere Denkformen sind die unseres menschlichen Verstandes. Sie verwickeln sich in unlösbare Widersprüche. Überall stehen Behauptungen gegen Behauptungen. **Philosophierend ergreife ich den Zweifel, versuche ihn radikal durchzuführen**, nun aber entweder mit der Lust an der Verneinung durch den Zweifel, der nichts mehr gelten lässt, aber auch seinerseits keinen Schritt voran tun kann – oder mit der Frage, wo denn Gewissheit sei, die allem Zweifel sich entziehe und bei Redlichkeit jeder Kritik standhalte …

Der Zweifel aber wird als methodischer Zweifel die Quelle kritischer Prüfung jeder Erkenntnis. Daher: ohne radikalen Zweifel kein wahrhaftiges Philosophieren.

(Aus dem Erasmustext in Bd. I – *Philosophische Propädeutik* – erinnern Sie sich an die Definition des ‚Philosophen' durch Pythagoras. Nachstehend Ciceros Darstellung derselben Szene)

Der Denker, Plastik des zeitgenössischen Bildhauers Rodin

1.2 Was für Menschen treiben Philosphie?

(Cicero, Tusculanae disputationes V 8–9)

Pythagoram Phliuntem ferunt venisse eumque cum Leonte, principe Phliasiorum, docte et copiose disseruisse quaedam; cuius ingenium et eloquentiam cum admiratus esset Leon, quaesivisse ex eo, qua maxime arte confideret. At illum (dixisse) artem quidem se scire nullam, sed esse philosophum. Admiratum Leontem novitatem nominis quaesivisse, **quinam essent philosophi et quid inter eos et reliquos interesset**.

Pythagoram autem respondisse: Similem sibi videri vitam hominum et mercatum eum, qui haberetur maximo ludorum apparatu totius Graeciae celebritate; nam **ut** illic alii corporibus exercitatis gloriam et nobilitatem coronae peterent, alii emendi aut vendendi quaestu et lucro ducerentur, esset autem quoddam genus eorum – idque vel maxime ingenuum –, qui nec plausum nec lucrum quaererent, sed visendi causa venirent studioseque perspicerent, quid ageretur et quo modo; **item** nos quasi in mercatus quandam celebritatem ex urbe aliqua, sic in hanc vitam ex alia vita et natura profectos, alios gloriae servire, alios pecuniae; raros esse quosdam, qui ceteris omnibus pro nihilo habitis rerum naturam studiose intuerentur; hos se appellare **sapientiae studiosos** (id est enim **philosophos);** et ut illic liberalissimum esset spectare nihil sibi acquirentem, sic in vita longe omnibus studiis contemplationem rerum cognitionemque praestare.

1.2 **1 Phlius, -untis:** Phleius, Stadt auf der Peloponnes südwestl.von Korinth – **3 copiosus:** > PhWSch 4.3.3, S. 12 – **5 arte confidere:** auf eine Kunst vertrauen – **8 novitas < novus** (> WBL, S. 10) – **11/12 similem -et:** ähnlich– wie – **12 mercatus, -us:** Markt, Marktfest – **13 apparatus:** *hier:* Gepränge – **celebritas:** zahlreiche Anteilnahme – **15 quaestus:** Erwerb – **lucrum:** Gewinn – **16 ingenuus:** edel – **plausus < plaudere** (> WBL, S. 10) – **visere** Verbum intensivum zu **videre – 18 in mercatus celebritatem:** in die belebte Festlichkeit eines Marktes – **20 pro nihilo habere:** für nichts achten – **rerum natura:** > PhWSch 4.3.2, S. 12 – **21 liberalis:** großmütig, edel – **22 nihil sibi acquirens:** ohne Gewinnstreben – **contemplatio** > PhWSch 4.3.1, S. 11 – **23 cognitio (rerum):** > PhWSch 4.3.1, S. 11

1.3 Was bedeutet Philosophie?

(Seneca, epist. 89, 4 f.)

Sapientia perfectum bonum est mentis humanae; **philosophia sapientiae amor est et affectatio**: haec eo tendit, quo illa pervenit. Philosophia unde dicta sit, apparet: ipso enim nomine fatetur, quid amet. Sapientiam quidam ita (de-)finierunt, ut dicerent divinorum et humanorum scientiam; quidam ita: sapientia est nosse divina et humana et horum causas.
Philosophiam quoque fuerunt, qui aliter atque aliter (de-)finirent:

- **alii studium illam virtutis esse dixerunt,**
- **alii studium corrigendae mentis,**
- **a quibusdam dicta est appetitio rectae rationis ...**

Philosophia studium virtutis est, sed per ipsam virtutem; nec virtus autem esse sine studio sui potest, nec virtutis studium sine ipsa ... Ad virtutem venitur per ipsam; cohaerent inter se philosophia et virtus.

1.4 Themen, Ziele und Aufgaben der Philosophie ...

(Seneca, epist. 89, 9 f.)

Philosophiae **tres partes** esse dixerunt et maximi et plurimi auctores: **moralem, naturalem, rationalem**.

- **Prima** componit animum;
- **secunda** rerum naturam scrutatur;
- **tertia** proprietates verborum exigit et structuram et argumentationes, ne pro vero falsa subrepant ...

Ceterum inventi sunt, et qui in pauciora philosophiam et qui in plura diducerent. Quidam ex Peripateticis quartam partem adiecerunt **civilem**, quia propriam quandam exercitationem desideret et circa aliam materiam occupata sit.

---

1 perfectus: vollkommen – **2 amor et affectatio** *(m. Gen.)*: liebevolles Streben (nach) – **3 (de-)finire:** > PhWSch 4.3.3, S. 12) – **6** Ⓚ Ordnen Sie: **fuerunt quoque, qui ... philosophiam ... (de-)finirent** – **9 appetitio** *(m.Gen.)*: das Streben (nach) – **(recta) ratio:** > PhWSch 4.3.3, S. 13 – **10 virtus:** > PhWSch 4.3.4, S. 13

1 moralis – 2 naturalis – rationalis: > PhWSch 4.3, S. 11–14 – **3 componere animum:** eine ausgeglichene Einstellung verleihen – **4 rerum natura:** > PhWSch 4.3.2, S. 12 – **scrutari:** erforschen, untersuchen – **5 proprietas:** > PhWSch 4.3.3, S. 13 – **exigere:** prüfen, abklären – **structura:** Aufbau, Satzbau – **argumentationes:** > PhWSch 4.3.3, S. 12 – **6 subrepere:** sich einschleichen – **7 inveniri:** sich finden – **in pauciora:** (bezogen auf die Arbeitsbereiche der Philosophie) – **diducere:** *hier:* aufgliedern – **8/9 pars civilis:** > PhWSch 4.3.5, S. 14 – **9 materia:** > PhWSch 4.3.3, S. 13 – **occupari (circa):** > PHWSch 4.3.1, S. 11

… und ihre nähere Beschreibung

(Aus der *Philosophischen Propädeutik* kennen Sie schon einige einfache Definitionen der Arbeitsbereiche. Die folgenden Texte dienen der vertiefenden Wiederholung)

Die vier ethischen Kardinaltugenden *prudentia, iustitia, fortitudo, temperantia* in allegorischer Darstellung auf einer französischen Handschrift von 1403 zu Senecas verlorenem Werk *De officiis* (Dresden, Sächsische Landesbibliothek)

1.4.1 Zur Ethik (pars moralis)

Wh Sie haben in JSt. 10 drei Ziele der Ethik kennen gelernt. Erinnern Sie sich:

(Cicero, Tusc.disput.V 71)

- … quid sit, quod natura spectet extremum in bonis,
- … quo referenda sint officia,
- … quae degendae aetatis ratio deligendae sit.

(Bd. I 5.2.1). Seneca gibt aus seiner Sicht dazu folgende vertiefende Ergänzung:

(Seneca, epist. 89,14)

T Moralem partem philosophiae in tria rursus dividi placuit, ut

- prima esset **inspectio** suum cuique (dis)tribuens et aestimans, quanto quidque dignum sit …
- secunda de **impetu**,
- de **actionibus** tertia.

Primum enim est, ut quanti quidque sit, iudices;
secundum, ut impetum ad illa capias ordinatum temperatumque;
tertium, ut inter impetum tuum actionemque conveniat,
ut in omnibus istis tibi ipse consentias.
Quidquid ex tribus defuit, turbat et(iam) cetera!
Quid enim prodest inter (se) aestimata habere omnia, si sis in impetu nimius? Quid prodest impetus repressisse et habere cupiditates in sua potestate, si in ipsa rerum actione tempora ignores nec scias**, quando quidque et ubi et quemadmodum agi debeat**?

1.4.1 **Wh: 3 referre:** > PhWSch 4.3.1, S. 11 – **4 degere aetate:** sein Leben verbringen – **ratio:** PhWSch 4.3.1, S. 11
T: 1 pars moralis: > PhWSch 4.3.4, S. 13 – **2 inspectio:** prüfende Beurteilung – **quanto dignus:** wie viel wert – **4 impetus:** *hier:* Aktivitätsdrang, Anpacken – **5 actio:** > PhWSch 4.3.4, S. 13 – **7 ordinatum temperatumque:** geordnet und im rechten Maß – **8 convenit inter:** es herrscht Übereinstimmung zwischen; es gibt eine Abstimmung zwischen – **13 tempora** (griech. *kairós*)**:** rechter Zeitpunkt

1.4.2 Zur Naturforschung

Wh

Als Ziele der Naturforschung kennen wir aus der *Propädeutik* bereits die

- cognitio rerum und die
- explicatio naturae

Im Folgenden differenzieren Cicero und Seneca dies noch näher:

T

Cicero beschreibt die Ziele der Naturforschung …

(Cicero, Tusc.disputationes V 69)

Inde est **indagatio** nata **initiorum et** tamquam **seminum,**

- unde essent omnia orta, generata, concreta,
- quaeque cuiusque generis vel inanimi vel animantis vel muti vel loquentis origo (esset),
- quae vita, qui interitus quaeque ex alio in aliud vicissitudo atque mutatio,
- unde terra (sit) et quibus librata ponderibus,
- quibus cavernis maria sustineantur,
- qua gravitate omnia delata medium mundi locum semper expetant, qui est idem infimus in rotundo.

… und Seneca ergänzt wieder

(Seneca, epist. 89, 16)

Naturalis pars philosophiae in duo scinditur, corporalia et incorporalia; utraque dividuntur in suos – ut ita dicam – gradus. Corporum locus in hos (gradus) primum (dividitur): in **ea, quae faciunt** et (in **ea), quae ex his gignuntur**: gignuntur autem **elementa**. Ipse (de) elementis locus , ut quidam putant, simplex est, ut quidam, in **materiam** et **causam omnia moventem** et elementa dividitur.

Wh: 1 cognitio rerum–explicatio: > PhWSch 4.3.1, S. 11 …4.3.2, S. 12

1.4.2 **T: 1 indagatio initiorum et seminum:** Erforschung der Urgründe und Wurzeln (> auch PhWSch 4.3.2, S. 12) – **2 generare:** erschaffen – **concrescere < crescere – 3 inanimus – animans:** > PhWSch 4.3.2, S. 12 – **5 vicissitudo:** Wechsel – **mutatio < mutare** (> WBL, S. 10) – **6 quibus librata ponderibus:** wie im Gleichgewicht gehalten – **7 caverna:** Höhlung, Tiefe – **sustineri:** *hier:* zusammengehalten werden – **8/9 gravitas:** „Schwerkraft“ – **delatus:** *hier:* getrieben – **(medius locus), qui est idem infimus in rotundo:** (der Mittelpunkt), zugleich der innerste Punkt in einer Kugel

10 naturalis pars: > PhWSch 4.3.2, S. 12 – **in duo scinditur:** ist zweigeteilt in – **corporalia – incorporalia:** Körper/Körperliches … Körperloses – **11 dividere:** > PhWSch 4.3.3, S. 13 – **gradus:** Arten, Untergliederungen – **corpora:** *hier:* körperliche Formen – **locus:** *hier:* Bereich, Einteilungsrang – **13 elementa:** > PhWSch 4.3.2, S. 12 – **simplex:** *hier:* ungeteilt – **14 materia – causa:** > PhWSch 4.3.2, S. 12

1.4.3 Zur Dialektik, Logik und Erkenntnistheorie

Wh Erinnern Sie sich an Ciceros Definition der Logik / Erkenntnistheorie in I 4.2.1:
- … quae rem definit, genera dispertit,
- … sequentia adiungit, perfecta concludit, vera et falsa diiudicat,
- … disserendi ratio et scientia

Wiederholen Sie diese Definition mit Hilfe des PhWSch 4.3.3, S. 13 und lesen Sie im folgenden Text Senecas Ergänzung hinsichtlich der Rhetorik und Dialektik:

T **Seneca ergänzt wieder …** (Seneca, epist. 89, 17)

Superest, ut **rationalem partem** philosophiae dividam: Omnis oratio
  aut continua est
  aut inter respondentem et interrogantem discissa;
    hanc ***dialektikén,*** illam ***rhetorikén*** placuit vocari.
Rhetoriké verba curat et sensus et ordinem;
dialektiké in duas partes dividitur, in **verba** et **significationes**,
id est in res, quae dicuntur, et vocabula, quibus dicuntur.

1.1–1.4 Aufgaben zur Interpretation

1.1
1. Diskutieren Sie anhand der Texte 1.1.1 E und 1.1.2 B über die grundsätzliche Notwendigkeit des Philosophierens!

1.2
2. Differenzieren Sie die drei Gruppen von Marktbesuchern im Gleichnis des Pythagoras nach ihren Zielen und Beweggründen!
3. Erstellen Sie nach einer Ihnen bekannten Methode ein Satz-Strukturbild zu den Zeilen 13–23 des Texts! Nennen und begründen Sie die Redefiguren (> auch 4.3.1, S. 10) in diesem Teil!

1.3
4. In welch wechselseitiger Beziehung stehen Philosophie und Weisheit? Wie ist letztere in Z. 3–5 definiert, wie Philosophie in Z. 6–9?
5. Nennen und begründen Sie alle in Z. 7–12 enthaltenen Redefiguren!

1.4.1–1.4.3
6. Vergleichen Sie jeweils die Beschreibung der philosophischen Arbeitsbereiche in der Darstellung Senecas mit der Ciceros!

1.4.1
7. Wie beschreibt Seneca ergänzend Aufgaben und Ziele der Ethik?
8. Welches werthafte Verhalten, welche *virtus* ist bei *suum cuique tribuens et aestimans, quanto quidque dignum sit* angesprochen?

1.4.2
9. Welchen erstaunlichen Umfang der damaligen Naturforschung kann man den Angaben in diesen beiden Texten entnehmen?

1.4.3
10. Benennen Sie mit präzisen Formulierungen Ziele und Aufgaben der Dialektik/Logik! Gehen Sie auf Senecas Ergänzungen zur Rhetorik / Dialektik besonders ein!

1.4.3 **Wh:** zu **dispertire, sequentia adiungere** etc > PhWSch 4.3.3, S. 12
T: 1 pars rationalis–dividere: > PhWSch 4.3.3, S. 12/13 – **2/3 continua – discissa:** fortlaufend – aufgeteilt/unterbrochen – **4** *(griech.:)* ***dialektiké – rhetoriké (***sc. ***téchne)*:** Dialektik – Rhetorik – **5 sensus et ordo:** sinnvoller Aufbau – **6 verba … significationes:** Formulierungen … Bedeutungen (Wortsinn)

2 Sokrates

Eigentlich sollte **Sokrates (470–399)** Steinmetz werden. Den Lehrling aber soll ein Freund, der von seinem natürlichen Charisma begeistert war, gefördert und ihm eine bessere Ausbildung ermöglicht haben. Sokrates heiratete erst als älterer Mann Xanthippe, welche ihm drei Söhne gebar. Weitere Daten zu seinem Leben lassen sich aus den folgenden Texten entnehmen. Als stets die Wahrheit suchender und zur Wahrheit aufrufender Freund und Lehrer junger Menschen war Sokrates den jeweiligen Machthabern fast zwangsläufig suspekt. Unverdrossen kämpfte er gegen die Sophisten. Dann wurde er für schuldig befunden, die Staatsgötter nicht anerkannt, neue Gottheiten eingeführt und die Jugend verdorben zu haben. Er wurde im Alter von 70 Jahren zum Tod verurteilt und, da er vorhandene Fluchtmöglichkeiten nicht nützen wollte, hingerichtet.

2.1 Sokrates' Leben aus der Sicht Senecas

(Seneca, epist. 104, 27–28)

Si tamen exemplum desideratis, accipite Socraten, perpessicium senem, per omnia aspera iactatum, invictum tamen
    et paupertate, quam graviorem illi domestica onera faciebant,
    et laboribus, quos militares quoque pertulit.
Quibus ille domi exercitus (est),
    sive uxorem eius moribus feram, lingua petulantem,
    sive liberos indociles et matri quam patri similiores consideres,
    sive aut in bello fuit aut in tyrannide aut in libertate bellis ac tyrannis saeviore.
Viginti et septem annis pugnatum est; post finita arma triginta tyrannis noxae dedita est civitas, ex quibus plerique inimici (Socrati) erant. Novissime damnatio est sub gravissimis nominibus impleta. Obiecta est (ei) et religionum violatio et iuventutis corruptela, quam immittere in deos, in patres, in rem publicam dictus est. Post haec carcer et venenum. Haec usque eo animum Socratis non moverant, ut ne vultum quidem moverint. … Usque ad extremum nec hilariorem quisquam nec tristiorem Socraten vidit; aequalis fuit in tanta inaequalitate fortunae.

2.1 **1 perpessicius:** geduldig – **3 domestica onera:** häusliche Belastungen – **5 quibus:** sc. **oneribus** – **exercitus:** *hier:* geplagt, hart mitgenommen – **6 moribus fera:** von rauher Gesittung – **petulans:** frech, herausfordernd, arrogant – **7 indocilis < docere** – **8 tyrannis,-idos:** Die Herrschaft der 30 Tyrannen (404/403) – **10 noxae dare:** zum Schaden ausliefern – **11 novissime:** schließlich, zuletzt – **11/12 damnationem implere:** die Verurteilung durchführen – **sub … nominibus:** mit … Anklagepunkten – **12 obicere;** > PhWSch 4.3.1, S. 11 – **violatio < violare** (> WBL, S. 10) – **13 corruptela:** *hier:* schlechter Einfluss – **immittere in:** *hier:* aufhetzen gegen – **14 usque eo … non … ut:** sowenig …, dass – **15 vultum non movere:** keine Miene verziehen – **hilaris:** heiter (Kompar.: ‚allzu'/‚besonders') – **16 aequalis** *hier:* gleichmütig – **inaequalitas:** Ungerechtigkeit

2.2 Das *daimónion* des Sokrates

Sokrates hat sich von Anfang an wenig für die Naturphilosophie interessiert, hatte aber hinsichtlich seines Glaubens an die Existenz der Götter klare Vorstellungen. Vor allem war er fest davon überzeugt, dass ihn stets sein ***daimónion*** (griech.: *daimónion*) nicht durch Ratschläge, wohl aber durch Warnungen lenke und leite, wie aus dem folgenden Text deutlich wird.

Sokrates nach einem Fresko in einem etruskischen Haus in Ephesus (1.Jh.v.Chr.)

Ist das *daimónion* eine *praesagitio divina?*

(Cicero, De divinatione I 122 ff.)

De Socrate accepimus et ab ipso in libris Socraticorum saepe dicitur esse ***divinum quiddam***, quod ***daimónion*** appellat, cui semper ipse paruerit numquam impellenti, saepe revocanti …

Scriptum est item, cum Critonis sui familiaris oculum alligatum vidisset, (eum) quaesivisse, quid esset. Cum autem ille respondisset in agro ambulanti ramulum adductum, ut remissus esset, in oculum suum recidisse, tum Socrates: „Non enim paruisti mihi revocanti, cum uterer, qua soleo (uti), praesagitione divina."

Idem, cum apud Delium male pugnatum esset Lachete praetore fugeretque cum ipso Lachete, ut ventum est in trivium, eadem (via), qua ceteri, fugere noluit.

2.2 **Ü: praesagitio divina:** „göttliche Stimme", Ahnung – **1 Socratici:** Schüler des Sokrates (wie z. B. Platon) – **1/2 divinum quiddam:** eine „göttliche / innere Stimme", Gewissen – ***daimónion:*** göttliches Wesen, göttliche Stimme – **2/3 impellere … revocare:** zu etwas anhalten …, von etwas zurückhalten – **4 alligare:** *hier:* verbinden – **5 ramulus < ramus – 6 adductus … remissus:** *hier:* zurückgebogen … wieder losgelassen – **recidere (in oculum):** (ins Auge) schlagen – **8 Delium:** Delion in Boeotien – **Laches, -etis:** athenischer Feldherr – **9 trivium:** Weggabelung

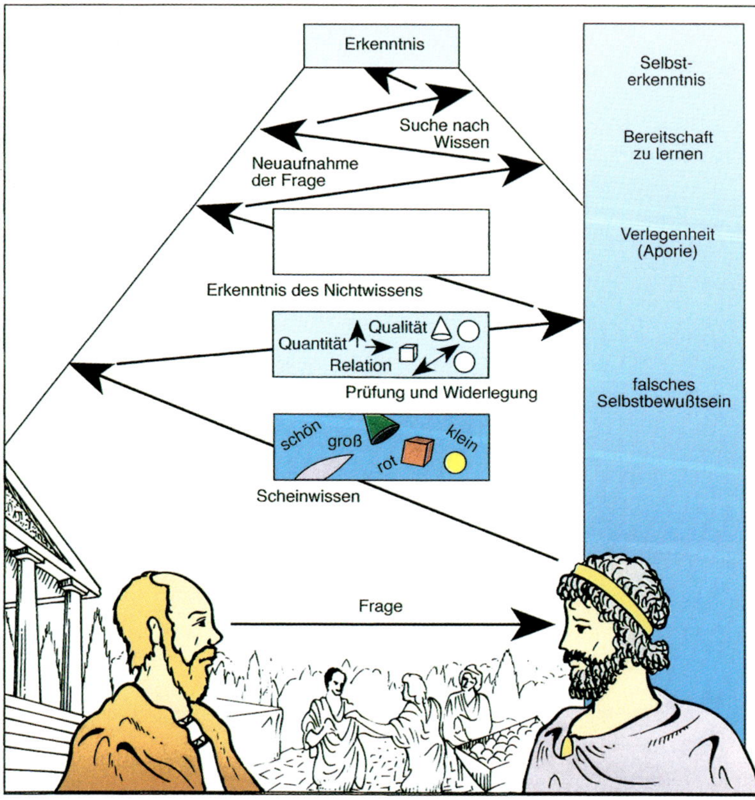

Zu S. 25: Elenktisches Verfahren des Sokrates.
Schematische Darstellung (nach dtv-Atlas Philosophie, S. 34)

Quibus quaerentibus, cur non eadem via pergeret, deterreri se a deo dixit. Tum quidem ei, qui alia via fugerant, in hostium equitatum inciderunt.

Illud tamen eius philosophi magnificum ac paene divinum, quod, cum impiis sententiis damnatus esset, aequissimo animo se dixit mori; neque enim domo egredienti neque illud suggestum, in quo causam dixerat, ascendenti signum sibi ullum, quod consuesset, a deo quasi mali alicuius impendentis datum (esse).

2.2 **11 alia via:** abl. prosecutivus – **incidere (in):** (jmd.) in die Hände fallen – **12 illud = illud verbum – magnificus:** großartig, hochherzig – **14 suggestum ascendere:** auf die Tribüne steigen, von der aus der Angeklagte spricht – **causam dicere:** sich verantworten

2.3 Zur Dialektik, Logik und Erkenntnistheorie/Ontologie

2.3.1 Sokratisches Denken und Argumentieren … (> auch Abb.S. 24)

(Cicero, Libri Academici I 16)

2.3.1.1 Hic (= Socrates) in omnibus fere sermonibus,
qui ab iis, qui illum audierunt, perscripti varie copioseque sunt,
ita disputat,
  ut **nihil adfirmet ipse,**
    refellat alios,
    nihil se scire dicat, nisi id ipsum eoque praestare ceteris,
      quod illi, quae nesciant, scire se putent,
      (quod) ipse se nihil scire, id unum sciat,
    ob eamque rem se arbitrari (dicat)
      ab Apolline omnium **sapientissimum esse dictum,**
        quod haec esset **una hominum sapientia:**
          non arbitrari se scire, quod nesciat.

Quae cum diceret constanter et in ea sententia permaneret, omnis eius oratio tamen in virtute laudanda et in hominibus ad virtutis studium cohortandis consumebatur, ut e Socraticorum libris maximeque Platonis intellegi potest.

… führt zu ganz neuen Intentionen der Philosophie

(Cicero, Tusc.disputationes V 10/11)

2.3.1.2 Ab antiqua philosophia usque ad Socratem, qui Archelaum, Anaxagorae discipulum audierat, numeri motusque tractabantur et unde omnia orirentur quove reciderent, studioseque ab iis siderum magnitudines, intervalla, cursus inquirebantur et cuncta caelestia. Socrates autem primus philosophiam devocavit e caelo et in urbibus collocavit et in domus etiam introduxit et **coegit de vita et moribus rebusque bonis et malis quaerere**.

→

2.3.1.1 **2 perscribere:** ausführlich berichten – **copiosus:** > PhWSch 4.3.1, S. 11 – **5 refellere:** > PhWSch 4.3.3, S. 13 – **3–8** Ⓚ Ordnen Sie: **ita disputat, ut nihil adfirmet … refellat … dicat** und von **dicat** abhängig **nihil se scire nisi id ipsum … eoque praestare (quod illi … putent se scire, quae nesciant, ipse … id sciat se nihil scire) … que se arbitrari … sapientissimum dictum esse – 15 maxime:** vor allem

2.3.1.2 **2 numeri … motus:** Zahlen … Bewegungen (im All) – **3 recidere:** *hier:* untergehen – **3 inervalla … cursus (zu siderum):** Abstände … Laufbahnen – **4 caelestia:** > PhWSch 4.3.2, S. 12 – **devocare:** herabholen – **6 res bonae et malae:** PhWSch 4.3.4, S. 13

2.3.1.2 Forts.

Cuius multiplex ratio disputandi rerumque varietas et ingenii magnitudo Platonis memoria et litteris consecrata plura genera effecit dissentientium philosophorum. E quibus nos id potissimum (con-)secuti sumus, quo Socratem usum (esse) arbitrabamur,

- **ut nostram ipsi sententiam tegeremus,**
- **errore alios levaremus et**
- **in omni disputatione, quid esset simillimum veri, quaereremus.**

2.3.2 Sokrates' Haltung ist nichts Neues

(Cicero, Libri Academici II 74)

Parmenides et Xenophanes … increpant eorum arrogantiam quasi irati, qui, cum sciri nihil possit, audeant se scire dicere.

Et ab eis aiebas removendum (esse) Socratem et Platonem. Cur? An de ullis certius possum dicere? Vixisse cum eis equidem videor: Ita multi sermones perscripti sunt, e quibus dubitari non possit, quin Socrati **nihil** sit visum **sciri posse**. **Excepit unum tantum: scire se nihil scire, nihil amplius.**

2.3.3 Cicero ist sich mit Sokrates und Platon über die *aeternitas* der Geistseele einig

(Cicero, Tusc. disputationes I 53–54)

Im folgenden Text übernimmt Cicero eine von Platon in seinem Werk *Phaidros* überlieferte These des Sokrates zur Frage des ewigen Seins bzw. des Werdens und Vergehens.

Socrates: „Quod semper movetur aeternum est; quod autem motum adfert alicui, quodque ipsum agitatur aliunde, quando finem habet motus, vivendi finem habeat necesse est.

Solum igitur quod se ipsum movet, quia numquam deseritur a se, numquam ne moveri quidem desinit; quin etiam ceteris, quae moventur, hic fons, hoc principium est movendi.

Principii autem nulla est origo; nam e principio oriuntur omnia, ipsum autem nulla ex re alia nasci potest; nec enim esset id principium, quod gigneretur aliunde.

2.3.1.2 **7 varietas rerum:** *hier:* Themenvielfalt – **8 memoria et litteris:** durch die erinnernden Schriften – **consecrare:** *hier:* festhalten – **genera dissentientium philosophorum:** Zweige unterschiedlicher philosophischer Richtungen – **9 consequi:** *hier:* übernehmen, sich anschließen

2.3.2 **1 Parmenides–Xenophanes:** > Namensverzeichnis (und Band I Propädeutik) – **increpare:** schelten – **arrogantia:** Anmaßung – **3 aiebas:** du sagtest – **removere:** *hier:* unterscheiden, anders betrachten – **5 excipere:** ausnehmen

2.3.3 **2 aliunde:** anderswoher – **3 necesse est (ut) habeat:** > PhWSch 4.3.1, S. 11 – **7 principium:** > PhWSch 4.3.2, S.12

Quod si numquam oritur, ne occidit quidem umquam; nam principium exstinctum nec ipsum ab alio renascetur nec ex se aliud creabit, siquidem necesse est a principio oriri omnia.

Ita fit, ut motus principium ex eo sit, quod ipsum a se movetur; id autem nec nasci potest nec mori, vel concidat omne caelum omnisque natura et consistat necesse est.“ …

Sentit igitur animus se moveri. Quod cum sentit, illud una sentit: **se vi sua, non aliena moveri, nec accidere posse, ut ipse umquam a se deseratur. Ex quo efficitur aeternitas …**

„Sokrates im Kerker“ von Joh. Heinrich Tischbein d. Ä.; (1785 Kassel Schlossmuseum Wilhelmshöhe > auch Abb. S. 32)

2.1–2.3 Aufgaben zur Interpretation

2.1 1. Benennen Sie alle Ausdrücke in T 2.1, welche die Begleitumstände von Sokrates' Leben bezeichnen! Vergleichen Sie die Darstellung Senecas mit zusätzlichem Material aus Lexikon und Internet!

2. Suchen Sie aus T 2.1 Beispiele für die Stilfiguren *Parallelismus, Anapher und Hyperbaton*! Vergleichen Sie dazu 4.1 auf S. 10!

3. Nennen Sie die Funktion aller in Z. 3–9 vorkommenden Ablative!

2.2 4. Wie verstehen Sie das *daimónion* des Sokrates (> auch T 2.5.1 E)?

2.3.1.1 5. Benennen Sie den Grad der Gliedsätze in der Strukturierung!

2.3.1.2 6. Wie unterscheidet sich Sokrates durch die Aussage „Ich weiß, dass ich nichts weiß“ von anderen Menschen? Inwiefern entspricht die „elenktische Beweisführung“ (> Abb.S. 24) dieser Aussage?

7. Wie stellt sich durch Sokrates' Frageweise das Lernen des Menschen dar? Wie hängt diese Lehrweise mit der These *scio me nihil scire* und *quaereremus, quid esset simillimum veri* zusammen?

2.3.3 8. In den Texten 2.3.3 geht es um die Gegensätze ‚Ewiges, unveränderliches Sein‘ bzw. „vorübergehendes Werden/Vergehen“. Nennen Sie die Thesen, die Cicero als Voraussetzung für die *aeternitas* der Seele aufstellt! Welcher Teil des Menschen erfüllt diese? Wo war dieser Gedanke in der antiken Philosophie vorher aufgetaucht?

2.3.3 **10 principium extinctum:** ein Ursprung, der ausgelöscht ist – **18 concidere:** zusammenstürzen – **19 consistere:** *hier:* zum Stillstand kommen – **26 aeternitas < aeternus** (> WBL, S. 10)

2.4 Die neue Philosophie des Sokrates: die Ethik

Seinem Wahlspruch *Scio me nihil scire* entsprechend hat Sokrates eine *ars quaedam philosophiae et rerum ordo* (> T 4.1.1) immer abgelehnt und sich auf die Diskussionen mit den Menschen und auf Aussagen zu einzelnen philosophischen Fragen beschränkt. Er versuchte stets, auf seine popularphilosophische Art, Werte zu vermitteln und dadurch die Menschen zu ethischem Verhalten zu bewegen.

2.4.1 Anders als Naturphilosophen und Sophisten

(Cicero, Brutus 30/31)

Tum Leontinus Gorgias, Thrasymachus Chalcedonius, Protagoras Abderites, Prodicus Cius, Hippias Elius in honore magno fuere; aliique multi temporibus eisdem docere se profitebantur (arrogantibus sane verbis), **quemadmodum causa inferior** – ita enim loquebantur – **dicendo fieri superior posset**. His (sophistis) opposuit sese Socrates, qui subtilitate quadam disputandi refellere eorum instituta solebat. Huius ex uberrimis sermonibus exstiterunt doctissimi viri, primumque tum philosophia – non illa de natura, quae fuerat antiquior, sed haec, in qua **de bonis rebus et malis deque hominum vita et moribus disputatur** – inventa dicitur.

2.4.2 Beispiele für die Darstellung von Werten /Unwerten in der popularphilosophischen Ethik des Sokrates:

2.4.2.1 Neid und Selbstmitleid: Zwei Untugenden der Menschen

(Erasmus, Apophthegmata III, Socratis, S. 189, 91)

Idem (Socrates) dicere solet, ut omnes omnium hominum calamitates in unum conferrentur moxque singulis ex eo acervo portiones aequae distribuerentur, ita fore, ut suas quisque calamitates recipere malit quam aequam e communi (acervo) portionem.

2.4.1 **1/2 L.Gorgias, Thrasymachus Ch., Protagoras A., Prodicus C., Hippias E.:** > ENV (S. 105–107) ; > auch Dialektik, Bd.I S. 40 ff. – **3 arrogans:** anmaßend – **sane :** *hier:* nur zu – **5 causa inferior … superior:** unterlegener … überlegener Standpunkt – **5 subtilitas:** > PHWSch 4.3.3, S. 13 – **5/6 instituta / refellere** > PhWSch 4.3.1, S. 11 / 4.3.3, S. 13 – **uber:** ergiebig – **9 res bonae et malae:** > PhWSch 4.3.4, S. 13

2.4.2.1 **1 ut:** *hier:* gesetzt den Fall dass – **calamitates:** Unannehmlichkeiten – **in unum:** auf einen Haufen – **2 moxque:** und dann – **acervus:** Haufen – **portio:** Portion, Anteil – **3 recipere:** *hier:* hinnehmen, ertragen

2.4.2.2 Ne quid nimis !

(Erasmus, Apophth. III S. 166, 7)

Rogatus est (Socrates), quae praecipua iuvenum virtus (sit), „Ut“, inquit, „ne quid nimium temptent. Nam calor aetatis vix sinit illos servare modum!“

Pier Francesco Mola (1612 – 1666): Sokrates mit dem Spiegel (Lugano, Museum)

2.4.2.3 *Sapientia* und *pulchritudo*

(Erasmus, Apophth. III, S. 178, 47)

Adhortabatur iuvenes, ut se subinde ad speculum intuerentur: Quo (facto), si essent egregia corporis forma, caverent, ne quid ea indignum committerent; sin minus, quod corpori deesset, id ingenii cultu morumque honestate pensarent. Adeo ille vir undecumque rapiebat occasionem ad virtutis studium adhortandi.

2.4.2.4 *Temperantia*

(Erasmus, Apophthegmata III, S. 166, 6)

Dicebat (Socrates) optimum condimentum esse famem, quod et optime edulcaret omnia et nullius esset impendii. Unde ipse semper iucunde edebat et bibebat, quia neutrum faciebat nisi esuriens ac sitiens. Quin et ad famem ac sitim tolerandam exercuerat sese: post sudorem enim a palaestra collectum, cum alii vinum vehementer appetunt, numquam bibebat de primo cratere. Rogatus, quam ob rem id faceret, „ne consuescam“, inquit, „obsequi affectibus!“

2.4.2.2 **3 calor aetatis:** *hier:* Temperament, ungezügeltes Wesen (der Jugend)

2.4.2.3 **1 subinde:** immer wieder – **2 speculum:** Spiegel – **4 caverent … pensarent:** abhängig vom adhortativen **ut** – **5 sin minus:** ergänzen Sie: **egregia forma** – **6 honestas** > PhWSch 4.3.4, S. 14 – **7 pensare:** aufwiegen, ausgleichen

2.4.2.4 **1 condimentum:** Gewürz, Würze – **edulcare:** versüßen – **2 impendium:** Aufwand, Kosten – **unde:** *(hier: kausal)* deswegen – **3 esurirere:** hungern – **4 sudor a palaestra collectum:** der in der Ringschule angesammelte Schweiß – **5 primus crater:** der erste (servierte) Mischkrug – **6 affectus:** > PhWSch 4.3.4, S. 13

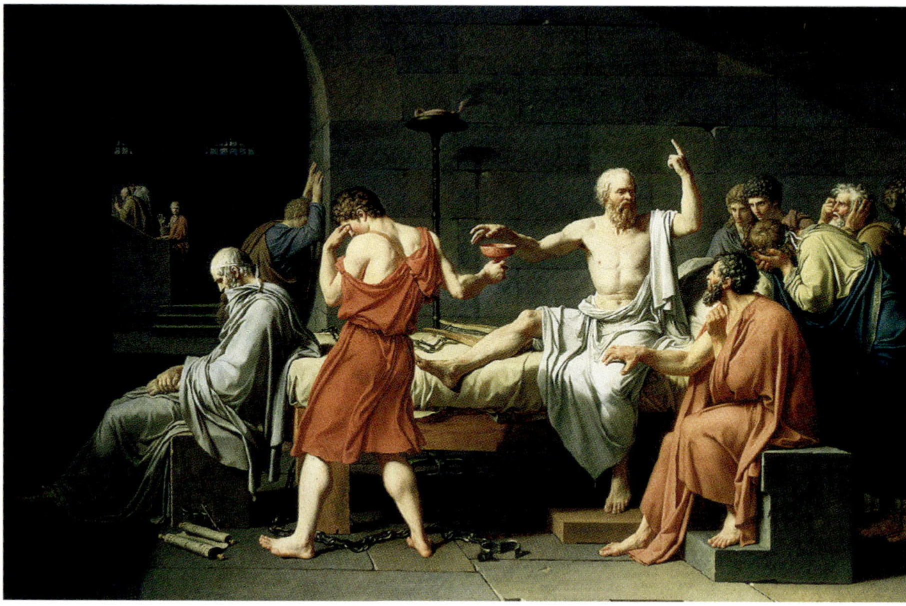

Tod des Sokrates, Gemälde von Jacques Louis David (1787), New York, Metropolitan Museum of Art

2.4.2.5 B Ergänzend ein Begleittext aus einem zeitgenössischen Buch zur Bedeutung des Wortes *temperantia* bzw. Mäßigung, die weit über die Mäßigung bei der Nahrungsaufnahme hinausgeht.

Zur *temperantia*

(Aus J. Piper, Das Viergespann, S.201)

… die deutsche Sprache hält uns heute kein geltendes Wort bereit, das auch nur einigermaßen den Kern und den Umfang des Begriffes *temperantia* widerzuspiegeln vermöchte. … Der Sinn von *Mäßigkeit* ist elend zusammengeschrumpft auf die sehr derbe Bedeutung der Mäßigkeit im Essen und Trinken. … Der ursprüngliche Wortsinn des griechischen Wortes *sophrosyne,* aber auch des lateinischen *temperantia* meint (aber) „ordnende Verständigkeit“ insgesamt.

2.4.2.6 Feingefühl

(Erasmus, Apophthegmata III, Socratis, S. 188, 85)

Socrati acrius obiurganti familiarem quempiam in convivio Plato dixit: „Nonne satius erat haec illi dixisse seorsum?“ Cui Socrates: „Et annon tu quoque rectius fecisses, si haec mihi seorsum dixisses?”

2.4.2.6 **1 obiurgare:** tadeln, schelten – **quispiam:** > PhWSch 4.3.1, S. 11 – **2 satius erat:** es wäre besser gewesen – **seorsum:** abgesondert, auf der Seite – **annon:** *hier:* doch wohl

2.4.2.7 Fortitudo

(Cicero,Tusc. disput. I 71–73)

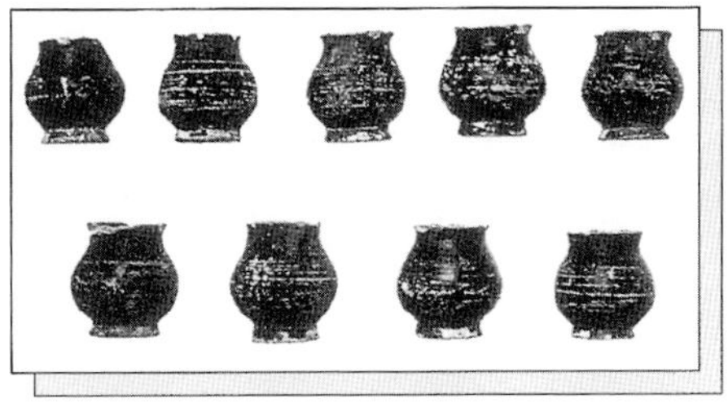

Kleine Giftbecher (Höhe 4 cm, 4.–3. Jahrhundert), wie sie im Gefängnisareal gefunden wurden (Athen, Agora-Museum). Solche Becher dienten vermutlich zur Verabreichung des tödlichen Giftes (nach *Grundfragen philosophischer Ethik*, Auer-Verlag)

Et paucis ante (supremum diem) diebus, cum facile posset educi e custodia, noluit et tum paene in manu iam mortiferum illud tenens poculum locutus ita est, ut non ad mortem trudi, verum in caelum videretur escendere. Ita enim censebat itáque disseruit: duas esse vias duplicesque cursus animorum e corpore excedentium :

- Nam qui se humanis vitiis contaminavissent et se totos libidinibus dedissent, quibus caecati vel domesticis vitiis atque flagitiis se inquinavissent vel re publica violanda fraudes inexpiabiles concepissent,
  iis devium quoddam iter esse, seclusum a concilio deorum.
- Qui autem se integros castosque servavissent, quibusque fuisset minima cum corporibus contagio seseque ab iis semper sevocavissent essentque in corporibus humanis vitam imitati deorum,
  iis ad illos, a quibus essent profecti, reditum facilem patere.

Itaque commemorat, **ut** cygni (faciunt), qui non sine causa Apollini dicati sint, sed quod ab eo divinationem habere videantur, qua providentes, quid in morte boni sit, cum cantu et voluptate moriantur, **sic** omnibus bonis et doctis esse faciendum.

2.4.2.7 **2 educi e custodia:** aus dem Gefängnis entführt/befreit werden – **3/4 mortiferum poculum:** der (todbringende) Schierlingsbecher – **5 trudere:** stoßen, schleifen – **7 disserere:** > PhWSch 4.3.3, S. 12 – **8 duplices cursus:** zwei mögliche Wege – **10 contaminare:** beflecken – **11 libidines:** Begierden – **12 caecatus:** geblendet – **inquinare:** besudeln, verunreinigen – **13 fraudes inexpiabiles concipere:** nicht sühnbare Verbrechen auf sich laden – **14 devius:** vom rechten Weg wegführend – **seclusus < claudere – 15 castus:** rein, unbescholten – **16 contagio:** Berührung, Sich-Befassen mit – **se sevocare:** sich wegwenden von – **19** Ⓚ Ordnen Sie: **commemorat ... sic esse faciendum ... ut cygni (faciunt), qui ... – cygnus:** Schwan – **dicare:** weihen – **20 divinatio:** *hier:* Sehergabe, göttliche Gabe – **(quid) boni:** *genit. partitivus*

2.5 Sokrates und der Staat

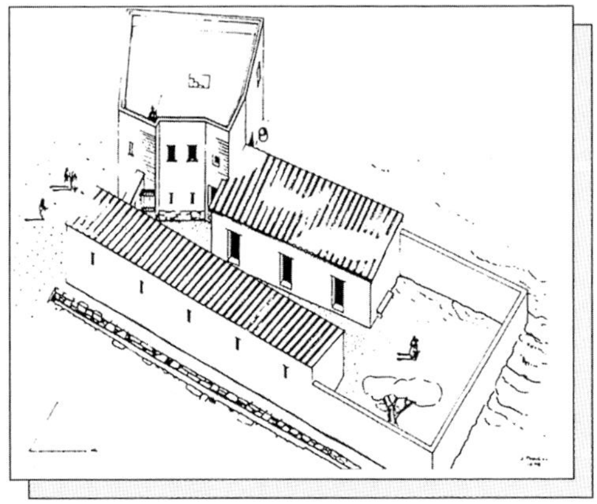

Rekonstruktionszeichnung des Staatsgefängnisses von Athen südlich der Agora, in dem Sokrates gefangen gehalten wurde.

Sokrates war immer ein treuer Bürger seiner Polis Athen, für die er auch in mehreren Kriegen seinen Mann als Hoplit stand (> T 2.1); er hetzte keineswegs, wie ihm vorgeworfen wurde, die Jugend gegen den Staat auf, sondern erweckte lediglich in den jungen Menschen manchen Zweifel an Praktiken der Politik. Insbesondere legte er sich mit den 30 Tyrannen (404/403) an. Letztlich nahm er um der gesetzlichen Ordnung willen aus seiner philosophischen Haltung heraus trotz Fluchtmöglichkeit sogar die Hinrichtung und den Tod leichten Herzens auf sich. Dieses Verhältnis des Sokrates zum Staat wird auch aus dem folgenden Übersetzungstext 2.5.1 E aus Platons *Apologie* deutlich:

2.5.1 E Sokrates sieht politische Aktivität sehr problematisch …

(Platon, Apologie 31c–31d – Übers. F. Schleiermacher)

„Vielleicht könnte auch dies jemandem ungereimt dünken, dass ich, um Einzelnen zu raten, umhergehe und mir viel zu schaffen mache, öffentlich aber mich nicht erdreiste, in eurer Versammlung auftretend dem Staat zu raten. Hiervon ist die Ursache, was ihr mich oft und vielfältig sagen gehört habt, dass mir etwas Göttliches und Dämonisches widerfährt, was auch Meletos in seiner Anklage spottend erwähnt hat. Mir aber ist dieses von meiner Kindheit an geschehen, eine Stimme nämlich, welche jedesmal, wenn sie sich hören lässt, mir von etwas abredet (= abrät), was ich tun will, zugeredet aber hat sie mir nie. Das ist es, was sich mir widersetzt, die Staatsgeschäfte zu betreiben. Und sehr mit Recht scheint es sich mir dem zu widersetzen. Denn wisst nur, ihr Athener, wenn ich schon vor langer Zeit unternommen hätte Staatsgeschäfte zu betreiben: so wäre ich schon längst umgekommen und hätte weder euch etwas genützt noch mir selbst. Werdet mir nur nicht böse, wenn ich die Wahrheit rede. Denn kein Mensch kann sich erhalten, der sich, sei es nun euch oder einer anderen Volksmenge, tapfer widersetzt und viel Ungerechtes und Gesetzwidriges im Staat zu verhindern sucht. Sondern notwendig muss, wer in der Tat für die Gerechtigkeit streiten will, auch wenn er sich nur kurze Zeit erhalten soll, ein zurückgezogenes Leben führen und nicht ein öffentliches."

2.5.2 … aber ohne Angst vor dem Tod …

(Cicero, Tusc. disputationes I 97–99 m. A.)

„Magna me“, inquit Socrates, „spes tenet, iudices, bene mihi evenire, quod mittar ad mortem. Necesse est enim, sit alterum de duobus, ut aut sensus omnino omnes mors auferat aut in alium quendam locum ex his locis morte migretur.

Quam ob rem, sive sensus exstinguitur morsque ei somno similis est, qui non numquam etiam sine visis somniorum placatissimam quietem adfert, di boni, quid lucri est emori! Aut quam multi dies reperiri possunt, qui tali nocti anteponantur! Cui si similis futura est perpetuitas omnis consequentis temporis, quis me beatior? Sin vera sunt, quae dicuntur migrationem esse mortem in eas oras, quas, qui e vita excesserunt, incolunt, id multo iam beatius est. …

Ne vos quidem, iudices ii, qui me absolvistis, mortem timueritis! Nec enim cuiquam bono mali quicquam evenire potest nec vivo nec mortuo, nec umquam eius res a dis immortalibus neglegentur, nec mihi ipsi hoc accidit fortuito. Nec vero ego iis, a quibus accusatus aut a quibus condemnatus sum, habeo quod suscenseam, nisi quod mihi nocere se crediderunt. …

„Sed tempus est“, inquit, „iam hinc abire, me ut moriar, vos, ut vitam agatis. Utrum autem sit melius, di immortales sciunt, hominem quidem scire arbitror neminem.“

2.5.3 … entzieht er sich trotz Bitten der Freunde seiner Hinrichtung nicht durch mögliche Flucht

(Erasmus, Apophthegmata III, Socratis, S. 186, 77)

Critoni vehementi studio suadenti, ut, si vitam ipse suam neglegeret, certe liberis etiam parvulis et amicis ab ipso pendentibus se servaret incolumem, „Liberi“, inquit, „deo, qui mihi eos dedit, curae erunt; amicos hinc discedens inveniam vobis aut similes aut etiam meliores ne vestra quidem consuetudine diu cariturus; quando quidem vos brevi eodem estis commigraturi.“

2.5.2 **2 necesse est, sit …** > PhWSch 4.3.1, S. 11 – **5 visa somniorum:** Traumgesichte – **placatus:** sanft – **6 lucrum:** Gewinn – **anteponere:** vorziehen – **7 perpetuitas (omnis consequentis temporis):** ewige Dauer – **8 migratio < migrare** (> WBL, S.10) – **12 res:** *hier:* Belange – **fortuito:** zufällig

2.5.3 **1** Ⓚ Ordnen Sie: **Critoni suadenti, ut … se servaret, (Socrates) inquit – 2 pendere ab aliquo:** auf jmd. angewiesen sein – **parvulus:** Deminutivum zu parvus – **4 consuetudine carere:** den Umgang entbehren müssen – **5 commigrare (aliquo):** (irgendwohin) mitgehen

Die Geschwister Sophie und Hans Scholl haben als Studenten ebenfalls gegen den Medienmissbrauch der Nationalsozialisten und gegen die Knebelung der freien Meinungsäußerung und die Zerstörung aller materiellen und geistigen Freiheit protestiert und zusammen mit Prof. Huber ihr Leben verloren.

2.5.4 B Ein moderner Kampf gegen unmoralische, diktatorische Politik

Am 18. Februar 1943 haben die Studentengeschwister Sophie und Hans Scholl als Angehörige der Widerstandsgruppe ‚Weiße Rose' im Lichthof der Münchner Universität ein Flugblatt gegen das Naziregime geworfen, das folgenden Inhalt hatte:

„Kommilitonen, Kommilitoninnen,
In einem Staat rücksichtsloser Knebelung freier Meinungsäußerung sind wir aufgewachsen. HJ, SA, SS haben uns in den fruchtbarsten Bildungsjahren unseres Lebens zu uniformieren, zu revolutionieren, zu narkotisieren versucht. ‚Weltanschauliche Schulung' hieß die verächtliche Methode, das aufkeimende Selbstdenken in einem Nebel leerer Phrasen zu ersticken.
Es gibt für uns nur eine Parole: Kampf gegen die Partei! Heraus aus den Parteigliederungen, in denen man uns weiterhin politisch mundtot halten will. ... Es geht uns um wahre Wissenschaft und echte Geistesfreiheit.
Freiheit und Ehre! Zehn Jahre lang haben Hitler und seine Genossen die beiden herrlichen deutschen Worte ausgequetscht, abgedroschen, verdreht ... Was ihnen Freiheit und Ehre gilt, haben sie in zehn Jahren der Zerstörung aller materiellen und geistigen Freiheit, aller sittlichen Substanzen im deutschen Volk genugsam gezeigt. ... Studentinnen und Studenten! Auf uns sieht das deutsche Volk! Von uns erwartet es wie 1813 die Brechung des napoleonischen, so 1943 die Brechung des nationalsozialistischen Terrors. ..."

Die Geschwister Scholl wurden nach Anzeige durch den Hausmeister verhaftet, vom nationalsozialistischen Volksgerichtshof unter seinem Blutrichter Freisler schon am 22. Februar zum Tod verurteilt und noch am selben Tag in München hingerichtet.

2.4.1–2.5.4 Aufgaben zur Interpretation

2.4.1

1. Sokrates wird in T 2.4.1 als der Erfinder der Ethik dargestellt. Definieren Sie aus den Formulierungen des Texts das Wort ‚Ethik'!

2.4.2

2. Welche Grundwerte sind in T 2.4.2.1–6 jeweils angesprochen?
3. Von welchem Vorsokratiker stammt ursprünglich die Aussage *Ne quid nimium!* in T 2.4.2.2?
4. Diskutieren Sie die Aussagen des Texts 2.4.2.3 zur Schönheit!

2.6 B Sokrates wirkt weiter!

Dass Sokrates auch in unserer Zeit als Inbegriff wahrer Bildung gilt und mit seinem Namen dafür steht, mag ein Rundschreiben des bayerischen Städtetags an seine Mitglieder aus dem Jahre 2000 dokumentieren, das zu einem gemeinschaftlichen Aktionsprogramm im Bereich der allgemeinen Bildung aufruft und diesem Programm den Namen SOKRATES gibt. Es hat folgenden Wortlaut:

Allgemeine Aufforderung zur Einreichung von Vorschlägen im Rahmen des Gemeinschaftsprogramms SOKRATES für das Jahr 2001

Sehr geehrte Damen und Herren,
Das Europa-Büro der bayerischen Kommunen informiert in den beiliegenden Auszügen aus „Brüssel Aktuell" 36/2000 (Anlage 1) und 37/2000 (Anlage 2) über den im Amtsblatt C 275 vom 27.9.2000 veröffentlichten allgemeinen Aufruf zur Einreichung von Vorschlägen für das gemeinschaftliche Aktionsprogramm im Bereich der allgemeinen Bildung SOKRATES für das Jahr 2001. Die Abgabefristen für die acht verschiedenen Aktionen wurden unterschiedlich festgesetzt. Für einige Aktionen jedoch läuft die Frist am 01. November ab.

Wir gestatten uns, Ihnen hiervon Kenntnis zu geben.

Mit freundlichen Grüßen …

---

5. Text 2.4.2.4 betrachtet die virtus *temperantia* aus dem Blickwinkel mäßiger Ess- und Trinkweise. Nennen Sie andere Bereiche dieses Wertes! Diskutieren Sie dazu die Aussagen von T 2.4.2.5 B (S.30)!
6. In T 2.4.2.7 ist nicht nur die in der Überschrift genannte virtus *fortitudo* angesprochen. Nennen Sie Formulierungen für weitere virtutes!
7. Vergleichen Sie Sokrates' Aussagen zum Zusammenhang zwischen der Art des geführten Lebens und dem, was den Menschen nach seinem Tod erwartet! Woran erinnern Sie diese Feststellungen?

2.5.1 E 8. Wie hängt Sokrates' Zurückhaltung gegenüber politischer Tätigkeit mit seinem *daimónion* und seinem Gerechtigkeitssinn zusammen? Warum sieht er eine Lebensgefahr in politischer Betätigung?

2.5.2 9. Ziehen Sie aus den Zeilen 1–4 und 7–9 dieses Texts alle Konjunktive heraus und begründen / benennen sie diese!

2.5.3 10. Nennen Sie Gründe dafür, dass sich Sokrates seiner Hinrichtung nicht durch die (mögliche!) Flucht entzieht!

2.5.4 11. Bringen Sie aus unserer Vergangenheit Beispiele für den Einsatz des Lebens zur Wahrung von Recht und Freiheit (> T 2.5.4 B u. Abb)!

3 Platon und die Akademie

Schon als junger „Philosophiestudent“ war **Platon (427–347)** von der Persönlichkeit des Sokrates außerordentlich beeindruckt und setzte sich mit den Kernsätzen der sokratischen Lehre intensiv auseinander. Die Vorlesungen der Sophisten hatte er besucht, ließ sich aber von ihren Phrasen nicht beeinflussen. Er vertiefte die Lehren des Sokrates, schrieb sie in der Form seiner Dialoge nieder und brachte eigene weiterführende Gedanken ein. In seinem Werk *Phaidon* legt er dar, wie er - nicht zufrieden mit den Ergebnissen der Naturphilosophen - den Weg zu den philosophischen Gedanken des Sokrates fand.
Mit etwa 40 Jahren gründete er in Athen die Philosophenschule der **Akademie** (> Abb. S. 37), so benannt nach dem Schulgebäude im Hain des Heros *Akádemos*. Diskussionsveranstaltungen und Vorträge wechselten sich ab. Er unterrichtete seine Schüler in der Kunst sokratischer Gesprächsführung (> 2.3.1, S. 24/25) und führte die sokratischen Gedanken weiter. Sein Hauptziel war eine ethisch-politische Erziehung der jungen Menschen nach seinem Ideal der *kalokagathía* (Ideal der körperlichen und geistig-seelischen Harmonie). Bei seiner Reise nach Sizilien versuchte er den jungen Herrscher Dionysios von Syrakus für seine Staatsidee zu gewinnen; das scheiterte aber durch dessen Ermordung (353). Darauf widmete sich Platon nur noch dem Ausbau der Akademie. Nachfolger Platons als Oberhaupt der Akademie war sein Neffe **Speusippos**; dessen Nachfolger wiederum **Xenokrates**.

3.1 Grundzüge der Philosophie der Akademie

3.1.1 Das Programm der Akademie

(Cicero, Libri Academici I 19)

Fuit iam accepta a Platone philosophandi ratio triplex:
- **una de vita et moribus;**
- **altera de natura et rebus occultis**;
- **tertia de disserendo et** quid verum, quid falsum, quid rectum in oratione pravumve, quid consentiens, quid repugnans esset, **iudicando**.

Ac primum illam partem bene vivendi a natura petebant **eique parendum esse dicebant neque ulla alia in re nisi in natura quaerendum esse illud summum bonum, quo omnia referrentur** constituebantque extremum esse rerum expetendarum et finem bonorum **adeptum esse omnia e natura** et animo et corpore et vita.

5.1.1 **1 ratio:** > PhWSch 4.3.3, S. 13 – **triplex:** dreifach – **3 res occultae:** > PhWSch 4.3.2, S. 12 – **4** Ⓚ Konstruieren Sie: **de disserendo et … (de) iudicando, quid ... esset – 5 pravus:** schief, schlecht – **quid repugnans:** > PhWSch 4.3.3, S. 13 – **8 referre aliquo:** > PhWSch 4.3.1, S. 11 – **res expetendae fugiendaeque … finis bonorum:** > PhWSch 4.3.4, S. 13 – **9 animo … corpore … vita:** *abl. limitationis!* – **10 vita:** *hier:* Lebenshaltung

Die platonische Akademie; Stahlstich von Poppel um 1850 (> T 3.1.2, Z.9); die Einrichtung bestand bis ins 6. Jh. n. Chr. im Nordwesten von Athen

3.1.2 Zwei Schulen einer philosophischen Grundrichtung

(Cicero, Libri Academici I 17)

Platonis autem auctoritate, qui varius et multiplex et copiosus fuit, **una et consentiens duobus vocabulis philosophiae forma instituta est, Academicorum et Peripateticorum**, qui rebus congruentes nominibus differebant: Nam cum Speusippum, sororis filium, Plato philosophiae quasi heredem reliquisset, duos autem (discipulos) praestantissimo studio atque doctrina, Xenocratem Calchedonium et Aristotelem Stagiritem,

- (ii,) qui erant cum Aristotele, **Peripatetici** dicti sunt, quia disputabant inambulantes in Lycio,
- illi autem, quia Platonis instituto in **Academia**, quod esset alterum gymnasium, coetus erant et sermones habere soliti (erant), e loci vocabulo nomen habuerunt.

3.1 Aufgaben zur Interpretation

3.1.1 1. Was liegt allen philosophischen Überlegungen der Akademie zugrunde und worauf zielen sie nach Ciceros Darstellung ab?

3.1.2 2. Worauf beziehen sich die *duo vocabula* in der Formulierung *una et consentiens duobus vocabulis philosophiae forma instituta est?*

3.1.2 **1 varius ... multiplex ... copiosus:** variabel / wandlungsfähig ... vielseitig ... gedankenreich (> auch PhWSch 4.3.3, S. 12/13) – **2 vocabulum:** vgl. Sie das dt. Wort! – **forma:** > PhWSch 4.3.3, S. 13 – **3 rebus congruere:** in den Anliegen übereinstimmen – **4 heres:** Erbe – **4/5** Ⓚ Ergänzen Sie nach **duos autem ... Stagiritem ... (reliquisset) – 6 Calchedonius ... Stagirites ...:** aus Calchedon ... aus Stagira – **8 Lycium:** ein dem Apollo geweihtes Gymnasium im Norden von Athen – **inambulare:** spazieren gehen, auf und ab gehen – **10 coetus < co-ire** (> WBL, S. 10)

3.2 Naturphilosophie und theologische Vorstellungen der Akademie

3.2.1 Energie und Materie

(Cicero, Libri Academici I 24 und 26)

Platon, Marmor; Kopie nach einem Porträtkopf, um 350 v. Chr. (München, Glyptothek)

De natura autem ita dicebant,
ut eam dividerent in res duas,
ut **altera** esset (res) **efficiens**,
altera autem quasi huic se praebens (res),
ex qua efficeretur aliquid.
In **eo**, **quod efficeret**, **vim** esse censebant;
in **eo** autem, **quod efficeretur**, **materiam** quandam.
In utroque tamen utrumque (esse censebant):
neque enim materiam ipsam cohaerere
potuisse, si nulla vi contineretur,
neque vim sine aliqua materia (nihil est
enim, quod non alicubi esse cogatur).
Sed, quod ex utroque,
id iam **corpus** et quasi **qualitatem** quandam nominabant. ...
Earum igitur qualitatum sunt **aliae principes**, **aliae** ex his **ortae**:
Principes sunt **unius modi et simplices**;
ex his autem variae **ortae** sunt et quasi **multiformes.**
Itaque **aer ... et ignis et aqua et terra p r i m a e** sunt.
Ex his autem **o r t a e animantium formae earumque rerum,**
quae gignuntur e terra.
Ergo illa initia et (ut e Graeco vertam) **elementa** dicuntur. E quibus
aer et ignis movendi vim habent et **efficiendi,**
reliquae partes (vim) accipiendi et quasi **patiendi,**
aquam dico et terram.

3.2.2 Götter oder beseelte Naturgewalt

(Cicero, De natura deorum I 32)

Atque etiam Antisthenes in eo libro, qui *physicus* inscribitur, **populares deos multos, naturalem unum esse** dicens tollit vim et naturam deorum.

3.2.1 **3 (res) efficiens:** PhWSch 4.3.2, S. 12 – **4 se praebere:** *hier:* sich zur Verfügung stellen – **6 vis:** > PhWSch 4.3.2, S. 12 – **7 materia:** > PhWSch 4.3.2, S. 12 – **13 alicubi:** irgendwo – **15 qualitas:** PhWSch 4.3.2, S. 12 – **16 princeps:** > PhWSch 4.3.2, S. 12 – **17 unius modi:** homogen – **18 multiformis:** vielgestaltig – **19 primae:** *hier:* = **principes** – **20 animans:** > PHWSch 4.3.2, S. 12 – **22 vertere;** *hier:* übersetzen – **elementum:** > PhWSch 4.3.2, S. 12 –

3.2.2 **1/2 populares ... naturales dei:** Götter des Volksglaubens ... wirkliche Götter

3.2.2 Nec multo secus Speusippus Platonem avunculum subsequens et **vim quandam dicens, qua omnia regantur eamque animalem,** evellere ex animis conatur cogitationem deorum.

Der Philosoph Karl Jaspers (1883–1969)

3.2.3 **Cicero kritisiert: Götter aus Atomen? Nein!**

(Cicero, De natura deorum I 67–68)

Concedam igitur ex individuis constare omnia. Quid ad rem? Deorum natura enim quaeritur!
Sint sane ex atomis: non igitur aeterni! Quod enim ex atomis, id natum aliquando est; si natum, nulli dei antequam nati (sunt). Si ortus est deorum, interitus sit necesse est, ut tu paulo ante de Platonis mundo disputabas. Ubi igitur illud vestrum „beatum et aeternum", quibus duobus verbis significatis deum?

3.2.4 B Dazu eine moderne Stellungnahme des Professors für Psychologie und Philosophie an der Universität Heidelberg, Karl Jaspers, 1883–1969, aus seiner *Einführung in die Philosophie S. 33*:

Philosophen unserer Zeit scheinen die Frage, ob Gott sei, gern zu umgehen. Weder behaupten sie sein Dasein, noch leugnen sie es. Aber wer philosophiert, hat Rede zu stehen. Wird Gott bezweifelt, hat der Philosoph eine Antwort zu geben, oder er verlässt nicht die skeptische Philosophie, in der überhaupt nichts behauptet, nichts bejaht und nichts verneint wird. Oder unter Beschränkung auf gegenständlich bestimmtes Wissen, das heißt auf wissenschaftliches Erkennen, hört er auf zu philosophieren mit dem Satze: Was man nicht wissen kann, davon soll man schweigen.

3.2.2 **3 secus:** anders – **4 avunculus:** Onkel – **subsequi:** *hier:* nachfolgen (in der Führung der Akademie) – **6 vis animalis:** eine beseelte Kraft – **7 cogitatio:** > PhW Sch 4.3.1, S. 11

3.2.3 **1 individuum:** > PhWSch 4.3.2, S. 12 – **2 quid ad rem:** was tut's zur Sache – **natura:** > PhWSch 4.3.2, S. 12 – **4 atomus:** > PhwSch 4.3.2, S. 12 – **7 ortus, -us:** > PhWSch 4.3.2, S. 12 – **8 (sit) necesse est:** > PhWSch 4.3.1, S. 11 – **11 significare:** *hier:* charakterisieren

3.2.1 bis 3.2.3 AUFGABEN ZUR INTERPRETATION

Aristoteles und Platon, Relief von Lucca della Robbia (1399–1482)

3.2.1

1. Versuchen Sie, die zwei Komponenten der natürlichen Erscheinungen, die *res efficiens* und die *res se praebens* genauer zu bestimmen! Warum hängen beide Komponenten von einander ab; warum entsteht nur, wenn beide vorhanden sind, ein *corpus* bzw. eine *qualitas?* Gehen Sie bei Ihren Überlegungen von den jeweiligen deutschen Fremdwörtern aus!
2. Benennen Sie die beiden von Cicero angegebenen Formen von *qualitates* und geben Sie an, wodurch sie sich unterscheiden! Warum gehören *aer, ignis, aqua und terra* zu den ursprünglichen Qualitäten (Elementen)?
3. Wie teilt Cicero die vier *principes qualitates* bzw. Elemente auf? Wodurch unterscheiden sich die Gruppen?

3.2.2

4. Versuchen Sie zu erkennen, welchen Unterschied Antisthenes zwischen *dei populares* und *unus deus naturalis* macht! Inwiefern reißt Speusipp die *cogitatio deorum* aus dem Denken der Menschen, wenn er von einer *vis quaedam animalis, qua omnia regantur* spricht?

3.2.3

5. Bestimmen Sie den Modus aller Verbformen in diesem Text und geben Sie bei den Konjunktiven deren syntaktische Funktion an!
6. Warum ist bei dem Gedankenspiel (mit der epikureischen Annahme, die Götter bestünden aus Atomen) in unserem Text Ciceros Folgerung *sint sane ex atomis, non igitur aeterni* fragwürdig?
7. Auf welchen Grundsatz der Naturphilosophen, vor allem des Parmenides, geht der Schluss *„si ortus est deorum, interitus sit necesse est“* zurück? Arbeiten Sie, Ihre Kenntnisse aus der philosophischen Propädeutik wiederholend, dessen Unterscheidung zwischen dem reinen SEIN und dem WERDEN / VERGEHEN heraus!

3.2.4 B

8. Diskutieren Sie die Stellungnahme von K. Jaspers zum Thema!

3.3 Dialektik / Logik und Erkenntnistheorie / Ontologie

Im Rahmen der philosophischen Propädeutik haben wir **Dialektik und Logik als Werkzeuge für die präzise und objektive Abklärung von philosophischen Fragen** kennengelernt und erfahren, dass sich die **Erkenntnistheorie** mit **Umfang, Möglichkeiten und Grenzen der Erkenntnis** befasst. Beide Bereiche hat Platon entscheidend mit entwickelt. Zunächst zur **Logik**:

(Rufen Sie sich die Definitionen zur Logik in Erinnerung (Bd.I, T 4.2.1, S. 46 f.), insbesondere die *causae* der Erscheinungsformen nach Aristoteles (Bd.I, T 4.2.5, S. 48). So werden Sie die folgende Darstellung Senecas mit der – gegenüber Aristoteles etwas anderen – Auffassung Platons leicht verstehen.)

3.3.1 De causis rerum

(Seneca, epist. 65, 7–10)

His (Aristotelis causis) quintam Plato adiecit **exemplar**, quam ipse ***idéan*** vocat; hoc est enim, ad quod respiciens artifex id, quod destinabat, effecit. Haec exemplaria rerum omnium deus intra se habet numerosque … et modos mente complexus est; plenus his figuris est, quas Plato *ideas* appellat, immortales, immutabiles. … **Itaque homines quidem pereunt, ipsa autem humanitas, ad quam homo effingitur permanet et hominibus intereuntibus nihil patitur.** Quinque ergo causae sunt, ut Plato dicit:

id ex quo – id a quo – id, in quo – id, ad quod – id, propter quod –
novissime *id, quod ex his est.*

Tamquam in statua **id, ex quo**, aes est; **id, a quo,** artifex est; **id in quo**, forma est, quae aptatur illi; **id, ad quod**, exemplar est, quod imitatur is, qui facit **id, propter quod**, facientis propositum est; **id, quod ex istis** est, ipsa statua (est).

Haec omnia **mundus quoque**, ut ait Plato, **habet: Facientem**: hic deus est – **ex quo fit**: haec materia est – **formam**: haec est habitus et ordo mundi, quem videmus – **exemplar**: scilicet ad quod deus hanc magnitudinem operis pulcherrimi fecit; **propositum**: propter quod fecit.

Quaeris quid sit propositum deo? **Bonitas**! Ita certe Plato ait: Quae deo faciendi mundum fuit causa? Bonus est! Bono nulla cuiusquam boni invidia est! **Fecit itaque quam optimum potuit.**

3.3.1 **ÜS: causae rerum:** *hier:* Entstehungsursachen der Erscheinungsformen – **1 exemplar:** *hier:* Vor-/Urbild, Idee – ***idéa:*** > PhWSch 4.3.3, S. 13 (> dazu auch T 3.3.3, S. 43) – **2 destinare:** *hier:* sich vornehmen – **3 mente complecti:** > PhWSch 4.3.3. S. 13 – **4 figura:** *hier:* Urbild, Idee – **immutabilis < mutare** (> WBL S. 10) – **8 ad (quod):** *hier:* nach welchem Vorbild, wonach – **9 novissime:** schließlich – **11 aptare:** anpassen – **12 propositum:** > PhWSch 4.3.1, S. 11 – **14 habitus:** Gestalt – **15 scilicet:** > PhWSch 4.3.1, S. 11 – **17 bonitas:** Güte

Darstellung der Philosophenschule von Athen durch Raffael (1483–1520); Fresko, Vatikanische Museen, Stanza della Segnatura. Hinten in der Mitte stehen Platon und Aristoteles als Vertreter von Akademie und Peripatos; Sokrates diskutiert links im Hintergrund mit Schülern, Diogenes liegt locker auf der Treppe, während Heraklit grübelnd links vor ihm an einem Steinblock sitzt.

3.3.2 Wer kann beurteilen, was wirklich ist? (Cicero, Libri Academici I 30)

Quamquam iudicium veritatis **oritur** a sensibus, tamen utrique, Academici et Peripatetici, dicebant **non esse** in sensibus:

mentem volebant rerum esse iudicem!

3.3.1–3.3.2 Aufgaben zur Interpretation

3.3.1

1. Seneca nennt in diesem Text fünf von Platon gewählte *causae* (> PhWSch 4.3.3, S. 12) als Ursachen und logische Bestimmungskategorien für eine präzise Definition / Herleitung der Erscheinungsformen (> auch die Abb. zu den Kategorien des Aristoteles S. 66). Unterlegen Sie anhand von T 3.3.1 (Z 5–12) diese *causae* mit entsprechenden deutschen Fragen und benennen sie sie mit deutschen Substantiven!
2. Wie überträgt Platon diese Kategorien in ein praktisches Beispiel, auf das Weltganze und auf das Wirken Gottes? Nennen Sie die einschlägigen Ausdrücke aus dem Text und stellen Sie die entsprechenden christlich-religiösen Auffasungen gegenüber!

3.3.2

3. Auf welchen philosophischen Vorgänger geht Platons Ansicht vom erkenntnistheoretischen Primat des Geistes vor den Sinnen zurück?
4. Wiederholen Sie mit Hilfe eines Real-Lexikons (> Literaturverzeichnis S. 116–118) aus Ihrer Studienbücherei oder mit Hilfe des Internets die zehn logischen Kategorien des Aristoteles für die saubere Definition von Erscheinungsformen!

3.3.3 Ontologie: Nur Scheinen oder wirkliches Sein

Im Rahmen der Erkenntnistheorie befasst sich Platon vor allem mit der Frage nach dem, was wirklich ist und nicht nur uns so erscheint und entwickelt von daher seine Ideenlehre.

3.3.3.1 Platons Idee …

Erinnern Sie sich an T 4.3.3 der *Propädeutik* (Band I)! Wiederholen Sie nachstehend die Zeilen 1–4 aus dem damaligen Text; übersetzen und durchdenken Sie dann die nähere Erläuterung Ciceros in den Zeilen 5–16!

(Cicero, Orator 2,8–3,10)

Sed ego sic statuo: nihil esse in ullo genere tam pulchrum, quo non pulchrius id sit, unde illud ut ex ore aliquo quasi imago exprimatur. Quod neque oculis neque auribus neque ullo sensu percipi potest: **cogitatione tantum et mente complectimur.**

Itaque et Phidiae simulacris, quibus nihil in illo genere perfectius videmus, et his picturis, quas nominavi, cogitare tamen possumus pulchriora. Nec vero ille artifex, cum faceret Iovis formam aut Minervae, contemplabatur aliquem, e quo similitudinem duceret; sed ipsius in mente insidebat **species pulchritudinis eximia** quaedam, quam intuens in eaque defixus ad illius similitudinem artem et manum dirigebat.

Has rerum formas appellat *idéas* ille gravissimus auctor et magister Plato. Easque gigni negat et ait semper esse ac ratione et intelligentia contineri, cetera nasci, occidere, fluere, labi, nec diutus esse uno et eodem statu.

3.3.3.2 E … und deren Krönung: die Idee des Guten

(> auch Abb. S. 44)

(Platon, *politeia* 508 e – Übers. F. Schleiermacher)

Dies also, was dem Erkennbaren die Wahrheit mitteilt und dem Erkennenden das Vermögen hergibt, sage, sei die Idee des Guten!
Aber obwohl sie der Erkenntnis und der Wahrheit … Ursache ist, wirst du doch, so schön auch diese beiden sind, Erkenntnis und Wahrheit, nur wenn du dir jenes als ein anderes und noch Schöneres als beide denkst, richtig denken.

3.3.3 **1 quo:** (*abl. compar.*) – **2 quasi ex ore … imago:** gleichwie eine Gesichtsmaske – **3/4 mente complecti:** > PhWSch 4.3.1, S. 11 – **5 perfectus:** > dt. Fremdwort - **5–8** Ⓚ Ordnen Sie: **cogitare possumus pulchriora simulacris et picturis** (2 *abl. compar.*) – **6 pictura < pingere** > WBL S. 10 – **7 Iuppiter, Iovis (Zeus):** Göttervater – **forma:** > PhWSch .3.3, S. 13 – **Minerva (Athene):** Tochter Jupiters, Göttin der Weisheit – **8 similitudinem ducere e:** Ähnlichkeit (zu etwas) herstellen – **species:** > PhWSch 4.3.4, S. 13 – **9 defixus in:** die Augen ausgerichtet auf – **11 rerum formas:** geistiges (Ur-)bild der Erscheinungsformen – ***idea:*** > PhWSch 4.3.4, S. 14 – **12 ratione et intelligentia:** mit überschauendem Verstand – **continere:** > PhWSch 4.2.1, S. 11 – **13 status:** Zustand

3.3.3.3 E Was erkennen wir wirklich? – Platons Höhlengleichnis

(Platon, politeía 514 a ff. – Übers. F. Schleiermacher; > auch Abb. S. 45)

Nächst dem, sprach ich, vergleiche dir unsere Natur in Bezug auf Bildung und Unbildung folgendem Zustand: Sieh nämlich Menschen wie in einer unterirdischen höhlenartigen Wohnung, die einen gegen das Licht geöffneten Zugang längs der ganzen Höhle hat. In dieser seien sie von Kindheit an gefesselt an Hals und Schenkeln, so dass sie auf demselben Fleck bleiben und auch nur nach vorne hin sehen, den Kopf aber herumzudrehen der Fessel wegen nicht vermögend sind. Licht aber haben sie von einem Feuer, welches von oben und von ferne her hinter ihnen brennt. Zwischen dem Feuer und den Gefangenen geht oben her ein Weg; längs diesem sieh eine Mauer aufgeführt wie die Schranken, welche die Gaukler sich vor den Zuschauern erbauen, über welche herüber sie ihre Kunststücke zeigen. – Ich sehe, sagte er. – Sieh nun längs dieser Mauer Menschen allerlei Geräte tragen, die über die Mauer herüberragen, und Bildsäulen und andere steinerne und hölzerne Bilder und von allerlei Arbeit; einige, wie natürlich, reden dabei, andere schweigen. – Ein gar wunderliches Bild, sprach er, stellst du dar und wunderliche Gefangene. – Uns ganz ähnliche, entgegnete ich. Denn zuerst, meinst du wohl, dass dergleichen Menschen von sich selbst und von einander je etwas anderes gesehen haben als die Schatten, welche das Feuer auf die ihnen gegenüberstehende Wand der Höhle wirft? – Wie sollten sie, sprach er, wenn sie gezwungen sind, zeitlebens den Kopf unbeweglich zu halten! – Und von dem Vorübergetragenen nicht eben dieses? – Was sonst? – Wenn sie nun miteinander reden könnten, glaubst du nicht, dass sie auch pflegen würden, dieses Vorhandene zu benennen, was sie sähen? – Notwendig. – Und wie wenn ihr Kerker auch einen Widerhall hätte von droben her, meinst du, wenn einer von den Vorübergehenden spräche, sie würden denken, etwas anderes rede als der vorübergehende Schatten? – Nein, beim Zeus, sagte er – Auf keine Weise also können diese irgend etwas anderes für das Wahre halten als die Schatten jener Kunstwerke? – Ganz unmöglich. – Nun betrachte auch, sprach ich, die Lösung und Heilung von ihren Banden und von ihrem Unverstande, wie es damit natürlich stehen würde, wenn ihnen folgendes begegnete: Wenn einer entfesselt wäre und gezwungen würde, sogleich aufzustehen, den Hals herumzudrehen, zu gehen und gegen das Licht zu sehn, und, indem er das täte, immer Schmerzen hätte und wegen des flimmernden Glanzes nicht recht vermöchte, jene Dinge zu erkennen, wovon er vorher die Schatten sah: Was meinst du wohl, würde er sagen, wenn ihm einer versicherte, damals habe er lauter Nichtiges gesehen, jetzt aber, dem Seienden näher und zu dem mehr Seienden gewendet, sähe er richtiger, und, ihm jedes Vorübergehende zeigend, ihn fragte und zu antworten zwänge, was es sei? Meinst du nicht, er werde ganz verwirrt sein und glauben, was er damals gesehen, sei doch wirklicher als was ihm jetzt gezeigt werde? – Bei weitem, antwortete er. – Und wenn man ihn gar in das Licht selbst zu sehen nötigte, würden ihm wohl die Augen schmerzen, und er würde fliehen und zu jenem zurückkehren, was er anzusehen imstande ist, fest überzeugt, dies sei in der Tat deutlicher als das zuletzt Gezeigte? – Allerdings. – Und, sprach ich, wenn ihn einer mit Gewalt von dort durch den unwegsamen und steilen Aufgang schleppte und nicht losließe, bis er ihn an das Licht der Sonne gebracht hätte, wird er nicht viel Schmerzen haben und sich ungern schleppen lassen? Und wenn er nun an das Licht kommt und die Augen voll Strahlen hat, wird er nicht das Geringste sehen können von dem, was ihm nun für das Wahre gegeben wird. – Freilich nicht, sagte er, wenigstens nicht sogleich – Gewöhnung also, meine ich, wird er nötig haben, um das Obere zu sehen.

Und zuerst würde er Schatten am leichtesten erkennen und hernach die Bilder der Menschen und der anderen Dinge im Wasser, und dann erst sie selbst. Und hierauf würde er, was am Himmel ist und den Himmel selbst leichter bei Nacht betrachten und in das Mond- und Ster-

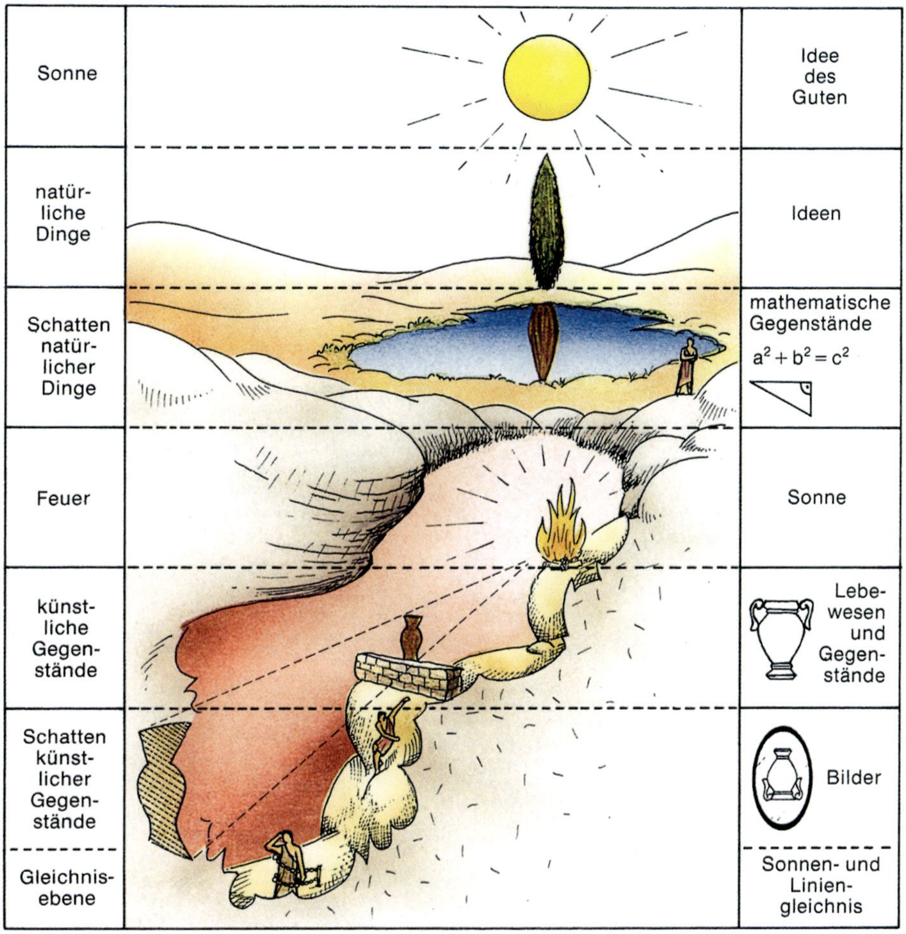

Schematische Darstellung des Höhlengleichnisses (nach dtv-Atlas Philosophie, S. 40); links die Gleichnisebene selbst, rechts die Übertragung auf Sonnen- bzw. Liniengleichnis

nenlicht sehen als bei Tag in die Sonne und in ihr Licht. – Wie sollte er nicht? – Zuletzt aber, denke ich, wird er auch die Sonne selbst, nicht Bilder von ihr im Wasser oder anderwärts, sondern sie als sie selbst an ihrer eigenen Stelle anzusehen und zu betrachten imstande sein. – Notwendig, sagte er – Und dann wird er schon herausbringen von ihr, dass sie es ist, die alle Zeiten und Jahre schafft und alles ordnet in dem sichtbaren Raume, und auch von dem, was sie dort sahen, die Ursache ist. – Offenbar, sagte er, würde er nach jenem auch hierzu kommen. – Und wie, wenn er nun seiner ersten Wohnung gedenkt und der dortigen Weisheit und der damaligen Mitgefangenen, meinst du nicht, er werde sich selbst glücklich preisen über die Veränderung, jene aber beklagen? – Ganz gewiss! – Auch das bedenke noch, sprach ich: Wenn ein solcher nun wieder hinunterstiege und sich auf denselben Schemel setzte: würden ihm die Augen nicht ganz voll Dunkelheit sein, da er so plötzlich von der Sonne herkommt? – Ganz gewiss! – Und wenn er wieder in der Begutachtung jener Schatten wetteifern sollte mit denen, die immer dort gefangen gewesen, während es ihm noch vor

Antrum Platonicum, Ausschnitt aus einem Kupferstich von Jan Saenredam 1604
(Die Zeile in der Überschrift lautet *Dilexerunt homines magis tenebras quam lucem* (Johannes 3, 19)

den Augen flimmert, ehe er sie wieder dazu einrichtet (und das möchte keine kleine Zeit seines Aufenthalts dauern), würde man ihn nicht auslachen und sagen, er sei mit verdorbenen Augen von oben zurückgekommen und es lohne sich nicht, dass man auch nur versuche, hinaufzukommen; sondern man müsse jeden, der sie lösen und hinaufbringen wollte, wenn man seiner nur habhaft werden und ihn umbringen könnte, auch wirklich umbringen. – So sprächen sie ganz gewiss, sagte er.

Dieses ganze Bild nun, lieber Glaukon, musst du mit dem früher Gesagten verbinden: die durch das Gesicht uns erscheinende Region der Wohnung im Gefängnis gleichsetzen und den Schein von dem Feuer darin der Kraft der Sonne; und wenn du nun das Hinaufsteigen und die Beschauung der oberen Dinge setzest als den Aufschwung der Seele in die Region der Erkenntnis, so wird dir nicht entgehen, was mein Glaube ist, da du doch dieses zu wissen begehrst. Gott mag wissen, ob er richtig ist. Was ich wenigstens sehe, das sehe ich so, **dass zuletzt unter allem Erkennbaren und nur mit Mühe die Idee des Guten erblickt wird, wenn man sie aber erblickt hat, sie auch gleich dafür anerkannt wird, dass sie für alle die Ursache alles Richtigen und Schönen ist, im Sichtbaren das Licht und die Sonne, von der dieses abhängt, erzeugend, im Erkennbaren aber sie allein als Herrscherin Wahrheit und Vernunft hervorbringend** und dass also diese sehen muss, wer vernünftig handeln will, es sei nun in eigenen oder öffentlichen Angelegenheiten.

3.3.3.4 B Abschließend noch zwei moderne Definitionen zu den Stichworten *Erkenntnistheorie* und *Ontologie* nach dem Lexikon ‚Der Große Knaur‘:

Platon, Statuette, Original verloren, aber Gipsabdrücke erhalten in Bonn und Dresden (nach Gisela Richter *Portraits of the Greek*, London)

Die **Erkenntnistheorie** untersucht Wesen und Grenzen der Erkenntnis im Gegensatz zur formalen Logik, der es nur um die Richtigkeit geht. Die Bezogenheit der Vernunft auf die Wahrheit wurde anfänglich in der Philosophie einfach vorausgesetzt. … Die Täuschungen der Sinne wurden teils vernachlässigt, weil man die sinnliche Erfahrung gegenüber der Vernunft einfach überhaupt abwertete … teils glaubte man sie unter bestimmten Bedingungen vermeiden zu können.
Auch für den Rationalismus bei Descartes und Leibniz ist diese Auffassung noch kennzeichnend. … Kant unterwarf das Erkenntnisvermögen als solches einer grundlegenden Kritik. Für ihn ist Erkenntnis nur durch das Zusammenwirken von Sinnlichkeit und Verstand möglich; alles Erkennen steht unter den Bedingungen der endlichen Vernunft des Menschen. …
Seit Kant ist der Zweifel an einer ‚objektiven‘, d. h. vom Menschen und seinem Erkenntnisorgan unabhängigen Wahrheit … nicht mehr verstummt.

Ontologie ist die von Christian Wolff eingeführte Bezeichnung für die philosophische Untersuchung des Seienden als solchem. … Die ontologische (das SEIN der Dinge betreffende) Fragestellung ist ausdrücklich oder unausdrücklich ein zentrales Anliegen jeder Philosophie. … Je nach Voraussetzungen (Analogiedenken, Dialektik, Rationalismus, Empirismus) entstanden unterschiedliche ontologische Systeme.

3.3.3.5 B Von der Ontologie zur Ethik: Vom allgemein gültigen Hintergrund zum Aktuellen (Aus der *Ethik* von Nicolai von Hartmann, 1882–1950)

Der folgende Text von Nicolai Hartmann vermittelt uns einen guten Übergang, von dem hinter den Erscheinungsformen steckenden einen, wahren, unveränderlichen und ewigen SEIN, von der Idee Platons zu den Problemen der praktischen Ethik und veranschaulicht uns, wie wir den Unterschied zwischen Ideal und Realitätsbewältigung schaffen können.

→

Forts. **Ethik lehrt** nicht direkt, was jetzt und hier geschehen soll in gegebener Sachlage, sondern allgemein, **wie dasjenige beschaffen ist, was überhaupt geschehen soll**. Vielleicht ist es Vieles und Mannigfaltiges, was überhaupt geschehen soll. Nicht in jeder Sachlage aber kann alles geschehen, was überhaupt geschehen soll. Hier behält der Augenblick mit seinen Anforderungen Spielraum innerhalb dessen, was ethische Besinnung lehrt.

Ethik schafft eine allgemein gültige Grundlage, von der aus das Aktuelle objektiv, wie aus der Vogelschau, gesehen wird. Aufgaben des Individuums und Aufgaben des Zeitalters sind vor ihr gleich partikulär. Beiden gegenüber hält sie die gleiche Distanz, für beide bedeutet sie die Erhebung über den Fall, die Befreiung von äußerer Beeinflussung, Suggestion, Verfälschung, Fanatismus. Ethik verfährt darin nicht anders als alle Philosophie: **sie lehrt nicht fertige Urteile, sondern das Urteilen selbst.**

Nicolai Hartmann (1882–1950)

3.3.3–3.3.5 Aufgaben zur Interpretation

3.3.3.1 bis 3.3.3.5

1. Bestimmen Sie die Sinnrichtung der konjunktivischen Relativsätze in Z. 1–2 *quo … sit* und Z. 8 *quo duceret*!
2. Welche Definition der platonischen Idee gibt Cicero im ersten Satz (Z. 2–4) des Textes 3.3.3.1? Wo erkennen Sie Übereinstimmungen mit den Erkenntnis-Bereichen des Höhlengleichnisses (> T 3.3.3.3 u. Abb. S. 45!) In welchem Erkenntnisbereich ist die *idéa* angesiedelt? Welche Bereiche sind vom Erkennen der *idéa* ausgeschlossen?
3. Bewerten Sie – wieder mit Blick auf das SEIN des Parmenides – die Formulierung *eas* ***gigni negat*** *et* ***ait semper esse*** (T 3.3.3.1 Z. 12–13)!
4. Welche Bedeutung kommt dem Komparativ in der Formulierung *cogitare pulch-riora* (T 3.3.3.1, Z. 7/8) nach der Bewertung *nihil perfectius* (für die Statuen des Phidias) zu?
5. Vergleichen Sie dazu auch die Formulierung *in mente insidebat* ***species*** *pulchritudinis eximia quaedam* und die Aussage in Platons Höhlengleichnis (*politeía,* Text 3.3.3.3 E)!
6. Inwiefern lässt sich von Platons Ideen-Lehre über die Gedanken von Nicolai Hartmann (T 3.3.3.5 B) eine direkte Verbindung zum Hintergrund ethischen Denkens herstellen?
7. Welche lateinischen Wörter und Wortbildungen erkennen Sie in folgenden deutschen Fremdwörtern: *sensibel – sensualistisch – imaginär – perfektionistisch – Faksimile – Idealismus – Genetik*

3.4 Die Ethik

Naturgemäßes, wertorientiertes Verhalten als Ziel menschlichen Handelns für ein glückliches Leben war ein Grundanliegen der antiken Philosophie und natürlich auch der ethischen Vorstellungen der Akademie. Ciceros Buchtitel ***De finibus bonorum et malorum*** entsprechend, werden **Voraussetzungen, Ziele und Grenzen für eine *vita beata*** umrissen, wobei die **Natur als Ausgangspunkt und Maßstab** bei Akademie, Peripatos und Stoa gleich wichtig ist.

Den vielen Übereinstimmungen zwischen Akademie und Peripatos entsprechend kann gerade im Bereich Ethik die Darstellung auf Texte aus 3.4 und 4.4 verteilt werden.

3.4.1 Ziele und Grenzen im Guten und Schlechten

3.4.1.1 Es gibt zwar sehr verschiedene Lehrmeinungen zu den *fines bonorum* und zum *bonum* …

(Cicero, Libri Academici, II 129 ff.)

Nempe fines constituendi sunt, ad quos et *bonorum* et *malorum* summa referatur. Omitto illa, quae relicta iam videntur: ut Erillum, **qui in cognitione et scientia summum bonum ponit;** qui, cum Zenonis (Stoici) auditor esset, (tamen) vides, quantum ab eo dissenserit et quam non multum a Platone. Megaricorum fuit nobilis disciplina, cuius … princeps (fuit) Xenophanes; deinde eum secuti (sunt) Parmenides et Zeno (Eleaticus), post Euclides, Socratis discipulus – Megareus, a quo illi Megarici dicti –, qui (omnes) id bonum solum esse dicebant, **quod esset unum et simile et idem semper**. Hi quoque multa a Platone ….

Aristo … re probavit (ea), quae ille (Zeno Stoicus) verbis (probavit): **nihil esse bonum, nisi virtutem, nec malum nisi quod virtuti esset contrarium.**

Alii **voluptatem finem esse voluerunt**, quorum princeps Aristippus, post etiam Epicurus, cuius est disciplina nunc notior.

Voluptatem <u>et</u> honestatem finem esse Callipho censuit.

Honeste autem vivere fruentem rebus iis, quas primas homini natura conciliet et vetus Academia censuit … et Aristoteles.

3.4.1.1 **ÜS: fines … bonum:** > PhWSch 4.3.4, S. 13 – **1 nempe:** doch sicherlich – **summa:** *hier:* oberste Richtschnur – **referre:** > PhWSch 4.3.1, S. 11 – **2 illa relicta:** jene (schon) aufgegebenen Lehrmeinungen – **Erillus:** Schüler des Stoikers Zenon – **3 ponere in:** > PhWSch 4.3.1, S. 11 – **auditor:** Hörer, Schüler – **4 dissentire:** in der Meinung abweichen – **Megaricorum disciplina:** Megarische (Philosophen-) Schule, um 380 von Euklid gegründet – **5 princeps:** (hier ursprünglicher Begründer – **6 Eleaticus:** aus Elea (!) – **7 Megareus:** aus Megara – **8 unum et simile et idem semper:** Vgl. Sie dazu Bd. I, Propädeutik, S. 41 – **9 re … verbis probare:** *hier:* in der Praxis … der … Theorie bestätigen – **10 contrarius:** entgegengesetzt – **13 Callipho** (griech.: **Kalliphon)** sonst kaum bekannter Philosoph – **14 conciliare:** *hier:* anempfehlen, verschaffen

3.4.2 … aber die Akademie sagt: Allein die *virtus* führt zum Ziel menschlichen Handelns, zum glücklichen Leben

(Cicero, Libri Academici I 22–23)

Communis haec ratio et utrisque (Academicis et Peripateticis) **hic bonorum finis** videbatur: **adipisci, quae essent prima natura quaeque ipsa per sese expetenda** aut omnia aut maxima. Ea sunt autem maxima, quae in ipso animo atque in ipsa virtute versantur.
Itaque omnis illa antiqua philosophia sensit **in una virtute esse positam beatam vitam**, **nec tamen beatissimam, nisi adiungerentur et corporis bona et cetera, quae supra dicta sunt ad virtutis usum idonea**.
Ex hac descriptione **agendi quoque aliquid in vita et officii ipsius initium reperiebatur**, quod erat in conservatione earum rerum, quae natura praescriberet.
Hinc **gignebatur fuga desidiae voluptatumque contemptio**,
ex quo **laborum dolorumque susceptio multorum magnorumque**
recti honestique causa
et earum rerum, quae erant congruentes cum descriptione naturae;
unde et amicitia exsistebat et iustitia atque aequitas
eaeque et voluptatibus et multis vitae commodis anteponebantur.
Haec quidem fuit apud eos **morum institutio et eius partis**, quam primam posui, **forma atque descriptio**.

3.4.3 Secundum naturam vivere

(Cicero, De finibus II 34)

Ergo nata est sententia veterum Academicorum et Peripateticorum, **ut finem bonorum dicerent secundum naturam vivere**, id est virtute adhibita frui primis a natura datis.

3.4.2 **1 ratio:** > PhWSch 4.3.3, S. 13 – **finis bonorum:** > PhWSch 4.3.4, S. 14 – **2 prima natura:** von Natur aus das Ursprünglichste/Wichtigste (> auch 3.4.3 **prima a natura data**) – **per se:** > PhW Sch 4.3.3, S. 13 – **3 animus:** *hier* gleich: **mens/ratio - virtus:** > PhW Sch 4.3.4, S. 13 – **4 versari:** *hier:* angesiedelt sein – **5 positus in:** > PhWSch 4.3.1, S. 11 – **vita beata:** > PhWSch 4.3.4, S. 13 – **8 descriptio:** *hier:* Definition Ⓚ Ordnen Sie: **initium agendi aliquid in vita … et officii ipsius reperiebatur – agendi … officii:** Tätigkeit/Verhalten … Pflichterfüllung – **9 conservatio < conservare** (> WBL, S. 10) – **10 fuga:** *hier:* das Vermeiden – **desidia:** Müßiggang – **contemptio < contemnere** (> WBL, S. 10) – **11** Ⓚ Ordnen Sie **ex quo** (sc. **gignebatur) susceptio** (das Auf-sich-nehmen) **… dolorum multorum magnorumque … et earum rerum** – **13 congruere cum:** übereinstimmen mit – **14 aequitas:** *hier:* Gleichbehandlung – **16 morum institutio:** ethische Ordnung – **17 ponere:** > PhWSch 4.3.1, S. 11 – **forma … descriptio:** vorgegebener Plan

3.4.3 **2 virtute adhibita:** bei wertorientierten Verhaltensweisen – **2/3 prima a natura data:** Vgl. Sie 3.4.2, Z. 2!

3.4.4 Die Bestätigung dieser Voraussetzungen für eine *vita beata*

(Cicero, Tusc.disput. V 34 ff.)

Socrates, cum esset ex eo quaesitum, num Archelaum, Perdiccae filium, qui tum fortunatissimus haberetur, beatum putaret, „Haud scio“, inquit, „numquam enim cum eo collocutus sum.“ – „Ain tu? An aliter id scire non potes?“ – „Nullo modo!“ – „Tu igitur ne de Persarum quidem rege potes dicere, beatusne sit?“ – „Quomodo ego possim, cum ignorem, quam sit doctus, quam vir bonus?“ – „Quid? Tu in eo vitam beatam sitam esse putas?“ – „Ita existimo: **bonos beatos esse, improbos miseros**.” – „Miser ergo Archelaos?“ – „Certe, si iniustus est!“

Videturne **omnem hic beatam vitam in una virtute ponere**? …

„Cui viro“, inquit (Socrates), „ex se ipso apta sunt omnia, quae ad beate vivendum ferunt …, huic optime vivendi ratio comparata est.

Hic est ille moderatus, hic fortis, hic sapiens.

Hic et nascentibus et cadentibus cum reliquis commodis, tum maxime liberis parebit et oboediet praecepto illi veteri: Neque enim laetabitur umquam nec maerebit nimis, quod semper in se ipso spem reponet sui!“ – Ex hoc igitur Platonis »quasi quodam sancto angustoque fonte nostra omnis manabit oratio.

Mit den Formulierungen *moderatus – fortis – sapiens* sind drei der vier *Virtutes Cardinales,* der Grundwerte als Voraussetzungen für ein werthaftes Leben und für Glück angesprochen, welche Platon erstmals in seiner *politeía* herausgearbeitet hat. Da alle ethischen Erörterungen auf der Definition der Werte und des Werthaften basieren, wie wir schon in der Philosophischen Propädeutik erfahren haben, dienen die Erläuterungen der Texte unter T 3.4.5 der Wiederholung dieser grundlegenden Bestimmungen der *virtutes Cardinales*.

3.4.4 **1 num:** ob (ind.Frage) – **2 fortunatus:** glücklich –**3 ain tu:** *hier:* Wie denn? – **4 an:** Fragepartikel (‚etwa‘) – **aliter:** auf andere Weise, sonst – **4 (beatus-)ne:** ob (*ind.Frage*) – **5 in eo:** darin (bezogen auf **doctus** und **bonus** – **8 hic:** bezogen auf Sokrates – **ponere in:** > PhWSch 4.3.1, S. 11 – **9 aptus:** *hier:* bereitgestellt, zur Verfügung stehend – **10 ferre ad:** führen zu – **ratio vivendi:** > PhWSch 4.3.1, S. 11 – **12 nascentia et cadentia commoda:** das Entstehen und Vergehen von Annehmlichkeiten – **cum … tum …:** > PhWSch 4.3.1, S. 11 - **13 parere:** *hier:* sich fügen – **laetari < laetus** (> WBL, S. 10) – **14 spem reponere in:** seine Hoffnung setzen auf – **15 manare:** fließen

Andrea Mantegna (1431–1506)
Sieg der Tugenden über die Laster (Paris, Musée du Louvre)

3.4.5 Virtutes – Werthaftes Denken – Werte

Wie schon angesprochen bilden gewisse aus Religion, Tradition und allgemeiner Übereinstimmung übernommene und anerkannte **Werte/Tugenden/virtutes** die Grundlage ethischen Verhaltens. Dazu in Wiederholung die erste Festlegung der vier Grundwerte durch Platon in seinem Werk „Der Staat“. (griech.: *politeía*) IV 427 e 110–11):

3.4.5.1 E (Sokrates) „Ich denke, unsere Stadt, wenn sie anders richtig angelegt ist, wird ja auch *wohl vollkommen* gut sein.“ – „Notwendig“ sagte er. – „Offenbar also ist sie **weise** und **tapfer** und **besonnen** und **gerecht“.**

3.4.5.2 Sie kennen auch Ciceros Definition für *virtus* (*De inventione* II 159):

Virtus est enim animi habitus naturae modo et rationi consentaneus.

Von der Antike bis zur Gegenwart sind diese vier Grundtugenden

prudentia – fortitudo – temperantia – iustitia

fixiert. Das Christentum ergänzt sie durch die drei christlichen Tugenden

Glaube – Hoffnung – Liebe

zur klassischen Siebenzahl.

3.4.5.3 B Abschließend zu dieser Wiederholung noch einmal die **Definition der vier *virtutes Cardinales*** durch **Augustinus, 354–430 v. Chr.**:

(Augustinus, Exegese zum Neuen Testament, De diversis quaestionibus LXX-XIII, quaest.61,4 PL 40 Sp 51)

… quattuor animi virtutes (sunt), quibus in hac vita spiritualiter vivitur:

prudentia – temperantia – fortitudo – iustitia.

Quarum
- **prima** est **cognitio rerum appetendarum et fugiendarum;**
- **secunda refrenatio cupiditatis** ab iis, quae temporaliter delectant;
- **tertia firmitas animi** adversus ea, quae temporaliter molesta sunt;
- **quarta**, quae per ceteras omnes diffunditur, **dilectio Dei et proximi.**

3.4.5.4 B **Laktanz** erklärt die Definition des Augustinus

iustitia = dilectio dei et proximi

noch näher mit der Einbindung des Menschen in die soziale und politische Gemeinschaft:

(Lactantius, epitome divinarum institutionum 29)

Videamus nunc, **quod sit propositum sapienti summum bonum**.
Ad iustitiam nasci homines non modo litterae sacrae docent, verum etiam idem ipsi philosophi nonnumquam fatentur.
Cicero sic ait: „Sed omnium, quae in hominum doctorum disputatione versantur, nihil est profecto praestabilius quam plane intellegi **nos ad iustitiam natos esse**.“
Est hoc verissimum.
Nec enim ad scelus nascimur, cum **simus animal sociale atque commune.**
Hominem … parcere homini oportet eumque diligere.
Haec est enim iustitia.

3.4.5.3 B **1 spiritualis:** geistlich – **2 temperantia** > PhWSch 4.3.4, S. 13 – **4 res appetendae et fugiendae:** > PhWSch 4.3.4, S. 13 – **5 refrenatio:** Zügelung – **6 firmitas < firmus** (> WBL, S. 10) – **temporaliter:** (nur) zeitweise, vorübergehend – **7 dilectio < diligere** (> auch WBL S. 10)

3.4.5.4 B **1 propositum:** > PhWSch 4.3.1, S. 11 – **summum bonum:** > PhWSch 4.3.4, S. 13 – **2 litterae sacrae:** religiöse Schriften – **4 disputatio < disputare – 5 praestabilis = praestans** – **7 animal sociale atque commune:** > PhWSch 4.3.5 S. 14

3.4.1–3.4.5 Aufgaben zur Interpretation

3.4.1 1. Arbeiten Sie die verschiedenen Ansichten zu den *fines bonorum et malorum* heraus und diskutieren sie diese!

3.4.2 2. Fertigen Sie ein Satz-Strukturbild für die Zeilen 10–14!

3. Inwiefern und auf welche Weise setzt Cicero an folgenden Textstellen durch außergewöhnliche Wortstellung Akzente?
   Communis haec ratio (Z. 1) – *aut omnia aut maxima* (Z. 3) – *in una virtute esse positam beatam vitam* (Z. 5) – *ad virtutis usum idonea* (Z. 7) – *agendi et officii … initium* (Z. 8).
   Welche Redefigur liegt bei *fuga desidiae voluptatumque contemptio* (Z. 10) vor? (> Stil- u. Redefiguren, S. 10, 1!.)
   Begründen Sie die Rederfiguren in allen genannten Beispielen!
4. Formulieren Sie die beiden Ziele, welche Cicero in diesem Text als *fines bonorum* angibt (Z. 1–4), mit entsprechenden deutschen Sätzen!
5. Welche Grundlage kann nach der akademischen (und peripatetischen) Definition (Z. 5–6) allein eine *vita beata* garantieren? Welche Ergänzung fordert die Akademie dennoch (Z. 6–7)?
6. Nennen Sie die Ursachen, die nach Ihrer Meinung die Menschen auf dieser Grundlage auch zu einem *initium aliquid in vita agendi* und zum *officium* führen, das in Z. 9 mit *conservatio earum rerum, quae natura praescriberet* umrissen wird! Nennen Sie verschiedene mögliche Übersetzungen für den Begriff *officium!*
7. Inwiefern hängen die aus solchem Leben gewonnenen Werte mit dem Leben in der Gemeinschaft zusammen und liefern die Erklärung, dass der Ethik ursprünglich auch dem der Bereich der Staatsphilosophie zugeordnet war?

3.4.3 8. Welche Bedeutung kommt der Formulierung *secundam naturam vivere* in T 3.4.3 gerade heutzutage zu? Nennen Sie Anliegen und Forderungen unserer Zeit, für die man die Formulierung *virtute adhibita frui primis a natura datis* anwenden kann!

3.4.5.3 B 9. Suchen Sie in einem Reallexikon oder im Internet Definitionen für *Ethik* und diskutieren Sie diese im Vergleich mit den Definitionen des Augustinus in T 3.4.5.3 B!

3.4.5.4 B 10. Inwiefern liefert uns gerade der Text von Laktanz die Erklärung für die Aussage des Augustinus, dass *iustitia* gleich *dilectio dei et proximi* ist? Wie lässt sich diese Aussage aus der christlichen Tradition begründen?

3.4.4 B Abschließend eine **zeitgenössische Aufstellung von Wertkategorien**
(nach „Grundfragen philosophischer Ethik“, von B. Unterholzner, Auer-Verlag, S. 97)

In polarer Gegenüberstellung beispielsweise zum positiven Wert FREUNDSCHAFT haben wir den negativen Wert FEINDSCHAFT. Das zugehörige Verhalten heißt im ersteren Fall LIEBE, im letzteren HASS.

inhaltliche Differenzierungen		zuordnendes Verhalten positiv: GUT	 negativ: SCHLECHT
materielle Werte:	Besitz (Geld, Haus, Auto)	arbeiten / erben	stehlen, betrügen
vitale Werte:	Gesundheit, Jugendlichkeit körperliche Leistungsfähigkeit	gesund leben Training	Körperkult, Raubbau am eigenen Körper
	Lust-Erlebnis	bewusstes Anstreben entsprechender Erlebnisse	Sucht, Abhängigkeit
soziale Werte:	Gleichheit der Menschen	Toleranz	erzwungene Konformität
	Friede	Friedfertigkeit üben und von andern einfordern	Aggression; Zwietracht säen
	Erfolg / Prestige	eigene Laufbahn im Rahmen der Spielregeln	rücksichtsloses Karrierestreben
ästhetische Werte:	Schönheit, Harmonie	Bewunderung, Ehrfurcht, eigenes Bemühen als Künstler	Verächtlich machen Zerstören
ideelle Werte:	Gerechtigkeit, Menschenwürde	gerecht, tolerant u. liebevoll handeln	rigoroser Egoismus
religiöse Werte:	Heil, ewiges Leben, Seligkeit	Liebe zu Gott, Gottesfurcht, Frömmigkeit, Gebotstreue nach dem Sinn	Fanatismus, „Heiliger Krieg“, Gebotstreue nach dem Buchstaben

Welchen *virtutes Cardinales* lassen sich die genannten Werte zuordnen?

Die antike Agorá im heutigen Stadtbild von Athen; rechts die von Attalos II. 150–138 v. Chr. errichtete und 1953–56 wieder aufgebaute Stoá. In der Mitte der Agora Reste des Arestempels und des römischen Odeions, links der Tempel des Hephaest (nach Hellenika von H. Krefeld)

3.5 Die Staatsphilosophie der Akademie

3.5.1 Die *res civilis* als bedeutendes Anliegen der akademischen und peripatetischen Philosophie

(Cicero, De finibus, IV 5)

(Veteres Platonis auditores) cum viderent … nos natos esse ad eas virtutes, quae notae illustresque sunt – iustitiam dico, temperantiam, ceteras generis eiusdem –, et natos (esse) ad … societatem generis humanae, … totam philosophiam tres in partes diviserunt.

Itaque qui sit finis bonorum, mox (disputabimus). Hoc loco tantum dico a veteribus Peripateticis Academicisque, qui re consentientes vocabulis differebant, **eum locum, quem *civilem* recte appellaturi videmur, Graeci *politikón,* graviter et copiose esse tractatum**.

3.5.1 **ÜS: res civilis:** > PhWSch 4.3.5, S. 14 – **2 temperantia:** > PhWSch 4.3.2, S. 13 – **3 societas generis humanae:** > PhWSch 4.3.5, S. 14 – **5** Ⓚ Ordnen Sie: **dico … eum locum … a Peripateticis Academicisque … graviter et copiose esse tractatum – 6 vocabula:** Benennung – **locus:** *hier:* Bereich – **7 civilis:** > PhWSch 4.3.5, S. 14 – *griech.* ***politikós***: > PhWSch 4.3.5, S. 14 – **8 copiosus** > PhWSch 4.3.3, S. 12

3.5.2 Der Einzelmensch gehört zum Staat

(Cicero, Libri Academici I 21)

Hominem esse censebant (Academici) quasi partem quandam civitatis et universi generis humani eumque esse
coniunctum cum hominibus humana quadam societate.

3.5.3 Das *honestum* und der Gemeinsinn

(Cicero, De finibus, II 45)

Honestum igitur id intellegimus, quod **tale est, ut detracta omni utilitate sine ullis praemiis fructibusque per se ipsum possit iure laudari**.
Quod quale sit, non **tam** definitione, qua sum usus, intellegi potest (quamquam aliquantum potest), **quam** communi omnium iudicio et optimi cuiusque studiis atque factis, **qui permultum ob eam unam causam faciunt, quia decet, quia rectum, quia honestum est, etsi nullum consecuturum emolumentum vident.**
Homines enim, etsi aliis multis, tamen **hoc uno plurimum a bestiis differunt, quod rationem habent a natura datam** mentemque acrem et vigentem celerrimeque multa simul agitantem et, ut ita dicam, sagacem.
Eademque ratio fecit hominem hominum appetentem cumque iis natura et sermone et usu congruentem, ut profectus a caritate domesticorum ac suorum serpat longius et se implicet primum civium, deinde omnium mortalium societate atque, ut ad Archytam scripsit Plato, non sibi se soli natum meminerit, sed patriae, sed suis, ut perexigua pars ipsi relinquatur.

3.5.2 **3 societas humana:** > PhWSch 4.3.5, S. 14

3.5.3 **1 honestum** > PhWSch 4.3.4, S. 14 – **detrahere utilitatem:** Nützlichkeit(sdenken) beiseite lassen – **2 per se:** > PhWSch 4.3.3, S. 13 – **3 ff.** Ⓚ Ordnen Sie: **quod quale sit, ... intellegi potest ... non tam definitione ... quam ... communi iudicio et optimi cuiusque studiis atque factis – definitio** > PhWSch 4.3.3, S. 13 – **4 optimus quisque:** gerade die Besten (**qui** ist darauf bezogen!) – **6 emolumentum:** Vorteil, Nutzen – **9 sagax:** scharfsinnig, schlau – **10 appetere** (*m. Gen.*): die Gemeinschaft (mit jmd./etwas) suchen – **11 congruere (aliquo):** übereinstimmen (mit jmd.) – **proficisci:** *hier:* ausgehen von – **caritas:** > PhWSch 4.3.5, S. 14 – **domestici:** Familienangehörige – **12 longius serpere:** sich weiter ausbreiten - **se implicare** (*m. Dat.*): sich verbinden mit – **societas** > PhWSch 4.3.5, S. 14 – **13 Archytas:** Staatsmann in Tarent, Freund Platons – **14 perexiguus:** sehr gering

3.5.4 Platons Dreiteilung der Seele als Vorbild für die Ordnung im Staat

(Cicero, Tusc. disputationes I 20)

Eius (Xenocratis) doctor Plato triplicem finxit animum, cuius principatum, id est **rationem, in capite** sicut in arce **posuit** et duas partes parere voluit, iram et cupiditatem, quas locis disclusit: **iram in pectore**, **cupiditatem supter praecordia locavit**.

3.5.5 E

(Platon, *politeía* 441 e 4 – 442 a 7 m. A. – Übers. F. Schleiermacher)

Sokrates diskutiert mit Platons Bruder Glaukon:

Nun gebührt doch dem Vernünftigen zu herrschen, weil es weise ist und für die gesamte Seele Vorsorge hat, dem Eifrigen aber, diesem folgsam zu sein und verbündet? – Freilich! – Und diese beiden nun … werden dann dem Begehrlichen vorstehen, welches wohl das meiste ist in der Seele eines jeden und seiner Natur nach das Unersättlichste.

3.5.6 K

(Kommentierende Darstellung nach Eckstein, Abriss Kap. 167, S. 95)

Der Staat … ist in seinem inneren Aufbau dem Menschen zu vergleichen: er ist ein Abbild der Seele. Den drei Seelenkräften entsprechen die drei maßgebenden Stände, die durch Erziehung entstehen (p*oliteía*, Buch IV):

- Der Nährstand entspricht nach Platon dem *epithymetikón (= cupiditas)*; in ihm sind die Bauern, Handwerker, Kaufleute zusammengefasst auf der Grundlage weitgehender Arbeitsteilung.
- Dem *thymoeidés* (= *ira* als beherztes Eifern) entsprechen die Hüter (Wächter) oder Helfer; sie sichern nach außen den Bestand des Staates und im Innern die Durchführung der Gesetze.
- Die dem *logistikón (= ratio)* entsprechende Klasse (ist die) der Philosophen oder Regierenden. … Diese verfügen über die wahre *epistéme* (= Wissen) des Philosophen und machen keine Fehler.

3.5.7 E Zur Definition der Gerechtigkeit im Staat

(Platon, *politeía* 433 e – Übers. F. Schleiermacher)

Sokrates diskutiert wieder mit Glaukon (> 3.5.5 E):

S.: Werden sie (die Herrschenden als Richter) nun wohl nach irgend etwas anderem mehr streben bei ihren Entscheidungen als danach, dass einem jeden weder Fremdes zugeteilt, noch ihm das Seinige genommen werde? – Gl.: Nein, sondern danach! – S.: Also nach dem Gerechten ? – Gl.: Ja! – S.: **Demnach würde, dass jeder das Seinige und Gehörige hat und tut, als Gerechtigkeit anerkannt werden?** – Gl.: So ist es!

3.5.4 **1 doctor:** > PhWSch 4.3.1, S. 11 – **triplex:** dreifach – **fingere:** > PhWSch 4.3.1, S. 11 – **principatus:** *hier:* führendes Element – **2 ratio:** > PhWSch 4.3.3, S. 13 – **3 locis discludere:** örtlich trennen – **ira:** *hier:* muthafter Eifer – **supter** (*m. Akk.*)**:** unterhalb (von) – **praecordia:** Zwerchfell

3.5.8 B Im Unterschied dazu (> 3.5.7 E) sieht moderne Dialektik Gerechtigkeit vor allem in sozialer Abstimmung der verschiedenen Interessen

(Textauszug aus einem Brief von Prof. L. Knobelsdorf an Gymnasiasten – aus ‚Ethik Aktuell' im C. C. Buchners Verlag, S. 120)

… was ein Mensch mit einem bestimmten Erfahrungshintergrund für vernünftig hält, muss nicht auch für einen anderen Menschen mit einem anderen Erfahrungshintergrund vernünftig sein. Daher kann ich nicht für mich entscheiden, was für diesen anderen Menschen mit einem anderen Erfahrungshintergrund gültig ist. Um dies herauszufinden, bleibt nur die Möglichkeit mit ihm in einen Dialog einzutreten. **Normenbegründung kann deshalb nicht subjektiv, sondern nur intersubjektiv, in einem Diskurs, durchgeführt werden … „Nur diejenigen moralischen Normen dürfen Geltung beanspruchen, die die Zustimmung aller Betroffenen als Teilnehmer eines praktischen Diskurses finden könnten".**

3.5.1–5 Aufgaben zur Interpretation

3.5.3

1. Welche Definition des *honestum,* des ehrenhaften Verhaltens insgesamt, aber besonders für den Politiker gibt Cicero in T 3.5.3 (Z. 1–2)? Inwieweit entsprechen die Politiker auch unserer Zeit – gleich in welchem Land – nach Ihrer Meinung dieser Definition?
2. Nennen Sie die Gründe, welche nach Ciceros Ansicht gerade die Besten *(optimus quisque)* veranlassen müssen, nach diesem *honestum* ohne Blick auf den eigenen Vorteil zu handeln!
3. Wie ist im Folgenden (Z. 10 ff.) die Lehrmeinung von der gemeinschaftsbildenden Veranlagung des Menschen begründet? Welche Konsequenz ergibt sich daraus für den einzelnen?
4. Bestimmen Sie folgende Redefiguren: (Z. 5/6:) *quia decet, quia rectum, quia honestum est* – (Z. 4/5:) *communi omnium iudicium* – (Z. 6:) *nullum consecuturum emolumentum,* – (Z. 9:) *mentem multa simul agitantem* !

3.5.4

5. Platon zählt (nach dem Cicero-Text) drei verschiedene Teile der menschlichen Seele auf. Nennen Sie die lateinischen Bezeichnungen, die Cicero benützt! Wo lokalisiert er diese drei Teile?

3.5.5 E

6. Welche Aufgaben und Funktionen weist Sokrates jedem dieser Teile zu?

3.5.6 K

7. Diskutieren Sie den von Platon vorgeschlagenen Aufbau des Staates nach diesen Seelenteilen und ihren Funktionen!

3.5.7 E und 3.5.8 B

8. Wie ist in Text 3.5.7 E die Gerechtigkeit von Platon definiert? Vergleichen Sie dazu die Ansicht des Sophisten Thrasymachos: „Ich behaupte nämlich, **das Gerechte sei nichts anderes als das dem Stärkeren Zuträgliche.**" Wägen Sie diese Ansichten ab und begründen Sie Ihre eigene Meinung! Beziehen Sie den T 3.5.8 B aus unserer Zeit in Ihre Überlegungen mit ein!

4 Aristoteles und die Peripatetiker

Aristoteles (384–322), aus Stageira an der Ostküste der Chalkidike (> Karte S. 119), gründete 335 in Athen die philosophische Schule der **Peripatetiker**, so benannt nach dem Peripatos, einer an das Gymnasium Lykeion angeschlossenen Wandelhalle (> T 3.1.2, S. 37).

Nachfolger des Aristoteles als Schuloberhäupter waren u. a. **Theophrast (372–287) aus Eresos** und dessen Altersgenosse **Eudemos aus Rhodos**.

Der **Peripatos** begründete **den systematischen Aufbau der Philosophie** und betrachtete die Ausarbeitung wissenschaftlicher Beweismethoden und die wissenschaftliche Erforschung der Natur (Realia) als seine Hauptaufgabe. So arbeiten die Peripatetiker auch auf den verschiedensten wissenschaftlichen Gebieten wie z. B. Anthropologie, Biologie, Meteorologie, Hydrologie, Gesteinskunde u.s.w.

Als typisches Kennzeichen des Peripatos gilt die Beschäftigung mit einem praktikablen System der Ethik für den Einzelnen und die Lehre von der Ewigkeit und Göttlichkeit des Kosmos.

Wie schon wiederholt festgestellt, unterscheiden sich die Lehren von Akademie und Peripatos in vielen Bereichen nur wenig.

4.1 Grundzüge der peripatetischen Philosophie

4.1.1 Der Übergang von der Popularphilosophie des Sokrates zur wissenschaftlichen Philosophie

(Cicero, Libri Academici I 17–19)

Sed utrique (Academici et Peripatetici) Platonis ubertate completi **certam quandam disciplinae formulam composuerunt** et eam quidem plenam ac refertam; illam autem Socraticam dubitanter de omnibus rebus et nulla affirmatione adhibita consuetudinem disserendi reliquerunt.

Ita facta est, quod minime Socrates probabat, **ars quaedam philosophiae et rerum ordo et descriptio disciplinae**.

Quae quidem erat primo duobus, ut dixi, nominibus una; nihil enim inter Peripateticos et illam veterem Academiam differebat:

4.1.1 **1 ubertas:** Fruchtbarkeit, Fülle – **2 disciplina:** *hier:* Wisssenschaft – **formula:** Regel, System (vgl. dt. „Formel") – **3 plenus ... refertus (< refercire):** vollkommen ... abgerundet – **dubitanter:** zögerlich, von Zweifeln erfüllt – **4 nulla affirmatione adhibita:** ohne irgendeine Festlegung – **5 res:** *hier:* Gegenstand der Wissenschaft) – **6 descriptio < describere – 7 quae:** bezogen auf **disciplina** – **duobus nominibus una:** *hier:* bei zwei Bezeichnungen ein und dasselbe

4.1.1 • **Abundantia quadam ingenii praestabat** – ut mihi quidem videtur – Aristoteles,
• **sed idem fons erat utrisque et eadem rerum expetendarum fugiendarumque partitio.**

Fuit ergo iam accepta a Platone philosophandi **ratio triplex**:

(Die ***ratio triplex*** entspricht den Zeilen 2–5 des Textes 3.1.1 auf S. 36, welche für Akademie und Peripatos in gleicher Weise gelten.)

4.1.2 Der Konsul Pupius Piso, Ciceros Freund und Anhänger der Peripatetiker, rühmt deren breites Wirken

(Cicero, De finibus V 7)

Aristoteles, röm. Marmorbüste
1. Jh. v. Chr.
(Rom, Kapitolinisches Museum)

Ad eos (= Peripateticos veteres) igitur converte te, quaeso! Ex eorum enim scriptis et institutis
cum omnis doctrina liberalis,
omnis historia,
omnis sermo elegans sumi potest,
tum varietas est tanta artium,
ut nemo sine eo instrumento ad ullam rem illustriorem satis ornatus possit accedere.

Ab his oratores, ab his imperatores ac rerum publicarum principes exstiterunt. Ut ad minora veniam:
mathematici, poetae, musici, medici
ex hac tamquam omnium artificum officina profecti sunt.

4.1.1 **9 abundantia:** Fülle – **10 res expetendae fugiendaeque:** > PhW Sch 4.3.4, S. 14 – **11 partitio:** Einteilung – **12 ratio:** > PhWSch 4.3.3, S. 13 – **triplex:** dreifach

4.1.2 **2 instituta:** > PhWSch 4.3.1, S. 11 – **3 doctrina liberalis:** > PhWSch 4.3.1, S. 11 – **4 historia:** *hier:* Forschungs(-weg), Entwicklung der Wissenschaft – **5 sermo elegans:** gebildeter / gepflegter Dialog – **sumere:** *hier:* entnehmen – **6 varietas (artium):** Vielseitigkeit – **7 instrumentum:** *hier:* Hilfsmittel – **8 res illustrior:** *hier:* eine bedeutendere Aufgabe – **satis ornatus:** *hier:* entsprechend ausgebildet – **11 ex-sistere:** *hier:* hervorgehen – **14 artificum officina:** (*eigtl.: Werkstatt*) Schule für Wissenschaftler – **15 proficisci:** *hier:* hervorgehen

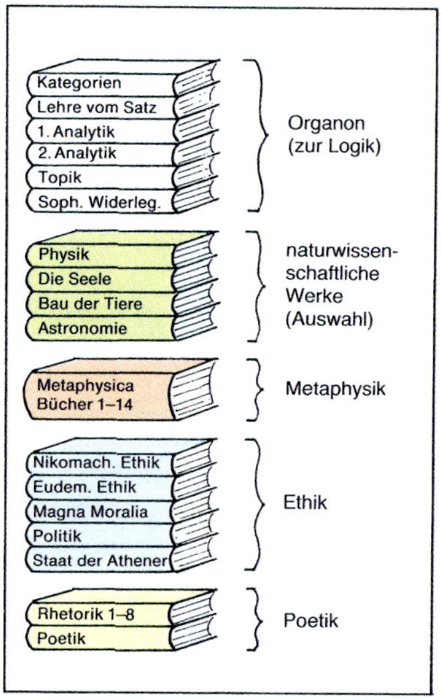

Das corpus Aristotelicum
(nach dtv-Atlas Philosophie, S. 46)

Aristoteles, Bleistiftzeichnung von Rubens
(nach einer kleinen Marmorbüste,
1592 am Fuß des Quirinal gefunden)

4.1.1–4.1.2 Aufgaben zur Interpretation

4.1.1

1. Bezeichnen Sie das, was Cicero mit *formulam certam quandam disciplinae plenam et refertam composuerunt* erklären will, mit einem adäquaten deutschen Ausdruck!
2. Nennen Sie die sachlichen und methodischen Unterschiede dieser neuen *formula* zur *consuetudo disserendi Socratica!*
3. Von welcher gleichen philosophischen Quelle *(idem fons)* für Akademie und Peripatos spricht Cicero in Zeile 10?
4. Nennen Sie die drei Bereiche philosophischen Bemühens (> T 3.1.2, S. 36), die in gleicher Weise für Akademiker und Peripatetiker gelten!

4.1.2

5. Benennen und begründen Sie die folgenden Redefiguren aus diesem Text: *omnis doctrina, omnis historia, omnis sermo elegans* (Z. 3–5) – *ab his oratores, ab his imperatores ac principes* (Z. 10–11) – *ex* ***hac*** *tamquam omnium artificum* ***officina*** (Z. 14)
6. Wie weit spannen die Formulierungen *omnis doctrina liberalis – omnis historia – omnis sermo elegans* den Bogen peripatetischen Wirkens? Umreißen Sie dazu die Bedeutung der Bezeichnung *disciplinae / artes liberales* genauer mit Hilfe eines Reallexikons in Ihrer Studienbücherei (> auch Literaturverzeichnis S. 116 ff.)!
7. Was haben wir unter dem (in Z. 7) erwähnten *instrumentum* zu verstehen, das von den Peripatetikern im Rahmen ihrer philosophischen Arbeit geschaffen wurde (Vgl. Sie dazu auch die Abb. oben!)?
8. Wie wirkt sich die *omnium artificum officina* (Z. 14) für das öffentliche Leben im großgriechischen Raum aus?
9. Schließen Sie aus dem Ausdruck *ut ad* ***minora*** *veniam* (Z. 11) auf die damalige Einstellung gegenüber den genannten Bereichen!

4.2 Die Naturphilosophie des Peripatos

4.2.1 Die enorme Gesamtleistung der Peripatetiker

(Cicero, De finibus V 9–10)

Natura sic ab eis investigata est, ut nulla pars *caelo, mari, terra* – ut poetice loquar – praetermissa sit; quin etiam, cum de rerum initiis omnique mundo locuti essent, ut multa non modo probabili argumentatione, sed etiam necessaria mathematicorum ratione concluderent. Maximam materiam ex rebus per se investigatis ad rerum occultarum cognitionem attulerunt. Persecutus est Aristoteles animantium omnium ortus, victus, figuras; Theophrastus autem stirpium naturas omniumque fere rerum, quae e terra gignerentur, causas atque rationes.

4.2.2 Die natürliche Veranlagung des Menschen

(Cicero, De finibus V 34)

Deinceps videndum est – quoniam satis apertum est sibi quemque natura esse carum – **quae sit hominis natura**. Id est enim, de quo quaerimus. Atqui perspicuum est hominem e corpore animoque constare, cum **primae** sint **animi** partes, **secundae corporis**.

Deinde id quoque videmus et ita figuratum **corpus**, ut excellat aliis (animalibus), **animum**que ita constitutum, ut et sensibus instructus sit et **habeat praestantiam mentis, cui tota hominis natura pareat**, (et) in qua sit mirabilis quaedam vis rationis et cognitionis et scientiae virtutumque omnium.

Theophrast, Nachfolger in der Leitung des Peripatos; Herme, Villa Albani

---

4.2.1 **1 investigare:** > PhWSch 4.3.2, S. 12 – **poetice:** Adv. < **poeta** – **2 praetermittere:** *hier:* auslassen – **rerum initia:** > PhWSch, 4.3.2, S. 12 – **3 argumentatio probabilis:** stichhaltige Begründung – **3/4 necessaria mathematicorum ratio:** zwingende mathematische Beweiskraft – **concludere:** > PHWSch 4.3.3, S. 12 – **4 materia:** > PhWSch 4.3.2, S. 12 – **per se = a se** – **5 rerum occultarum cognitio:** > PhWSch 4.3.1/2, S. 11/12 – **persequi:** > PhWSch 4.3.2, S. 12 – **animantia:** > PhWSch 4.3.2, S. 12 – **6 ortus** > PhWSch 4.3.2, S. 12 – **victus:** Lebensweise – **stirpes:** > PhWSch 4.3.2, S. 12 – **7 causae atque rationes:** Ursachen und Prinzipien

4.2.2 **4 atqui:** > PhWSch 4.3.1, S. 11 – **perspicuus:** > PhWSch 4.3.1, S. 11 – **6 cum:** *hier:* wobei aber – **primae partes:** Vorrangstellung – **8 figurare:** formen, ausbilden – **12 praestantia mentis:** Vorrang des Geistes

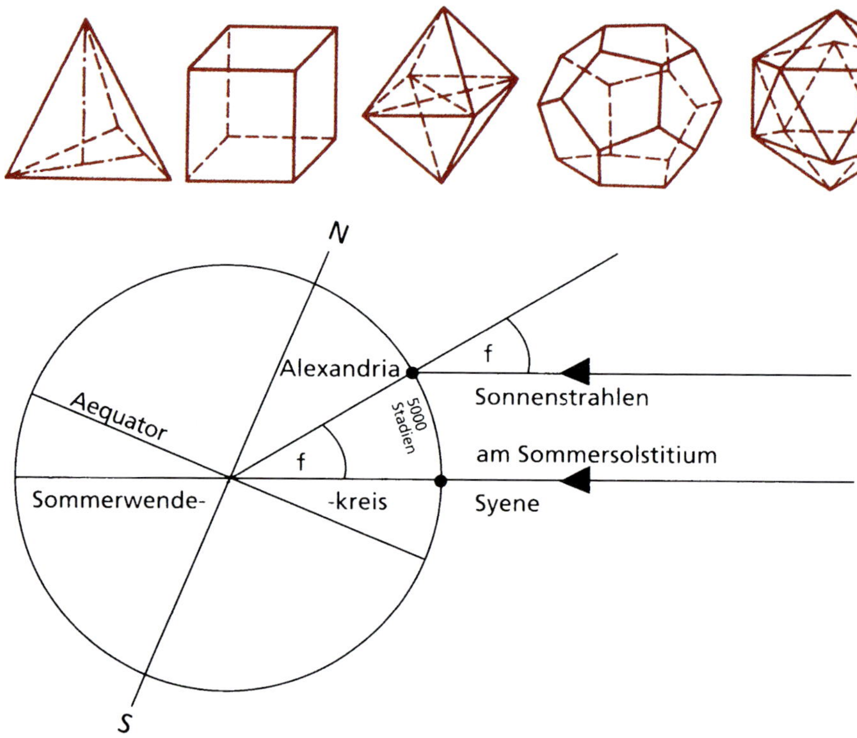

Zwei Belege für die wissenschaftliche Arbeit im 4. und 3. Jh. v. Chr.: Die fünf sogenannten platonischen Körper (Tetraeder, Hexaeder (= Würfel), Oktaeder, Dodekaeder, Ikosaeder (o.) und (u.) die Berechnung des Erdumfangs durch Eratosthenes (ca. 290–200 v. Chr.) aus Kyrene

4.2.1–4.2.2 Aufgaben zur Interpretation

4.2.1
1. Erstellen Sie ein Strukturbild mit genauer Anordnung der Gliedsätze für den ersten Satz (Z. 1–4) des Texts!
2. Cicero umreißt das Arbeitsgebiet der peripatetischen Naturphilosophie mit der Formulierung *ita, ut nulla pars* ***caelo mari terra*** *praetermissa sit.* Drücken Sie die angesprochenen Bereiche mit modernen wissenschaftlichen Bezeichnungen aus!
3. Die Arbeitsweise des Peripatos wird mit *non modo probabili argumentatione, sed etiam necessaria mathematicorum ratione* charakterisiert? Was besagt dieses Urteil aus moderner Sicht? Inwiefern ergänzt der Ausdruck *maximam materiam* diese Bewertung?
4. Wie bezeichnet man in der wissenschaftlichen Terminologie unserer Zeit die beschriebenen Arbeiten der Peripatetiker zu den *ortus, victus, figuras omnium animantium* ?

4.2.2
5. Welche Feststellung der Peripatetiker über die natürliche Veranlagung des Menschen nennt Cicero am Beginn dieses Textes?
6. Welchem der beiden genannten Teile (Z. 3 ff.) sprechen die Peripatetiker die Vorrangstellung zu und wie begründen sie ihre Meinung im einzelnen?
7. Vergleichen Sie dazu die Meinung Platons in T. 3.3.2 (S. 42)!

4.3 Logik und Erkenntnistheorie

Wie generell schon festgestellt stimmen in allen philosophischen Bereichen viele Aussagen der Akademiker mit denen der Peripatetiker überein und lassen sich übertragen, wie z. B. auch die folgenden Feststellungen (Vgl. T 3.3.2, S. 42)

4.3.1 Urteilsvermögen hat nur der Verstand, nicht die Sinne!

(Cicero, Libri Academici I 30–32)

Tertia deinde philosophiae pars, quae erat in ratione et in disserendo, sic tractabatur ab utrisque (= ab Academicis et Peripateticis):

Quamquam oriretur a sensibus, tamen **non esse iudicium veritatis in sensibus; mentem volebant rerum esse iudicem**; **solam censebant idoneam, cui crederetur**, quia sola cerneret id, **quod semper esset simplex et unius modi et tale, quale esset**.

Hanc illi ***,idean'*** appellant, iam a Platone ita nominatam; nos recte ***,speciem'*** possumus dicere.

Sensus autem omnes hebetes et tardos esse arbitrabantur nec percipere ullo modo res ullas, quae subiectae sensibus viderentur, quod aut ita essent parvae, ut sub sensum cadere non possent, aut ita mobiles et concitatae, ut nihil umquam unum esset constans, ne idem (esset) quidem, quia continenter laberentur et fluerent omnia.

Scientiam autem nusquam esse censebant nisi in animi notionibus atque rationibus; qua de causa definitiones rerum probabant et has ad omnia, de quibus disceptabatur, adhibebant.

Verborum etiam explicatio probabatur, id est, qua de causa quaeque essent ita nominata, quam *etymologían* appellabant.

4.3.1 **1 in ratione et in disserendo:** in Logik und Dialektik – **3 quamquam oriretur:** Konjunktiv wegen Abhängigkeit von A.c.I. – **3: non esse iudicium:** abhäng. von **sic tractabatur** – **4 solam ... cui ...:** jeweils bezogen auf **mens** – **crederetur:** konsekutiver Sinn – **5 semper simplex et unius modi et tale, quale esset:** das ewig, rein und unvermischt sich selbst immer gleich Bleibende; vgl. Sie Parmenides **unum et idem et simile semper** – **7 *idéa ... species:*** > PhWSch 4.3.3, S. 13 – **9 hebes:** stumpf, schwach – **10 subiectae sensibus:** dem Bereich der Sinne zu/untergeordnet – **11 sub sensum cadere:** Vgl. Sie dt. ‚sinnfällig werden' – **nihil umquam unum:** niemals irgendeines – **12 idem esse:** unverändert (sich selbst gleich) bleiben – **14 notio:** > PhWSch 4.3.3, S. 13 – **15 definitio:** > PhWSch 4.3.3, S. 12 – **disceptare:** debattieren – **17 explicatio < explicare – probare:** auf die Richtigkeit hin überprüfen – **18 *etymología:*** vgl. Sie das dt. Fremdwort!

4.3.2 Die *causae rerum* nach Aristoteles

So wie uns Seneca in 3.3.1 auf S. 41 die fünf *causae rerum* nach Platon in seinem Brief 65, 4 ff vorgestellt hat, haben wir schon in der Philosophischen Propädeutik (T 4.2.5, S. 48), vier *causae* des Aristoteles kennengelernt und wiederholen sie:

materia – opifex – forma – propositum.

Seneca ergänzt in Brief 65, 11 dann noch:

Ponant inter causas (quidam etiam) ***tempus***: nihil sine tempore potest fieri. Ponant ***locum***: si non fuerit, ubi fiat aliquid, ne fiet quidem. Ponant (etiam) ***motum***: nihil sine hoc nec fit nec perit: Nulla sine motu ars, nulla mutatio est.

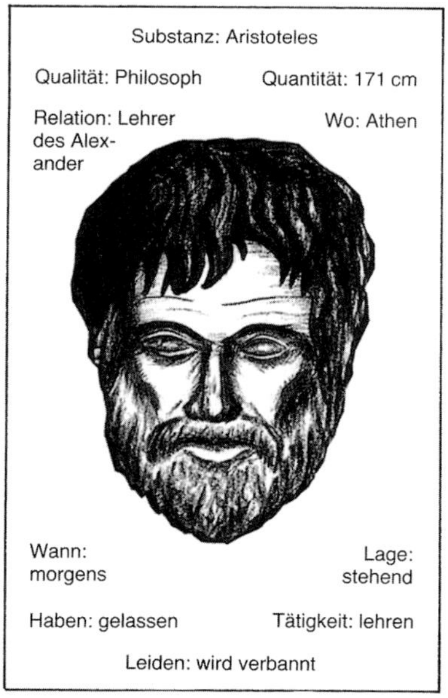

Die 10 logischen Kategorien des Aristoteles (nach dtv-Atlas Philosophie, S. 46)

4.3.3

Mit Hilfe der Abbildung rechts verstehen Sie sofort **die 10 folgenden logischen Bestimmungskategorien des Aristoteles**

(Aristoteles, Die Kategorien 1b–2a – Übers. Ingo W. Rath)

Das, was nicht in Verbindung gesagt wird, bezeichnet

(1) entweder ein **Wesen** oder
(2) ein **Wieviel** oder
(3) ein **Wie-beschaffen** oder
(4) ein **In-Bezug-auf** oder
(5) ein **Wo** oder
(6) ein **Wann** oder
(7) ein **Liegen** oder
(8) ein **Haben** oder
(9) ein **Tun** oder
(10) ein **Widerfahren**.

- **Wesen** ist, um es im Umriss zu sagen, z. B. **Mensch, Pferd;**.
- ein **Wieviel?** ist z. B. **zwei Ellen lang, drei Ellen lang;**
- ein **Wie-beschaffen?** ist z. B. **weiß, der Grammatik kundig;**
- ein **In-Bezug-auf** ist z. B. **doppelt, halb, größer;**
- ein **Wo?** ist z. B. **im Lykeion, auf dem Marktplatz;**
- ein **Wann?** ist z. B. **gestern, voriges Jahr;**
- ein **Liegen** (Position) ist z. B. **steht, sitzt;**
- ein **Haben** ist z. B. **beschuht, bewaffnet;**
- ein **Tun** ist z. B. **schneidet, zündet an;**
- ein **Widerfahren** ist z. B. **wird geschnitten, wird angezündet.**

4.3.2 **1 ponere:** > PhWSch 4.3.1, S. 11 – **causae**: > PhWSch 4.3.3, S. 12

4.3.4 K Zur formalen Logik, dem Werkzeug (griech.: *órganon*) philosophischen Denkens

(Kommentierende Darstellung, Eckstein, S. 108)

Neben der Entwicklung der Bestimmungs-Kategorien hat sich Aristoteles als „Vater der Logik“ natürlich auch mit den **Begriffen, Urteilen** und **Schlüssen** befasst. Die **Schlüsse *(syllogismoi)*** beruhen auf der Beziehung der Begriffe zueinander:

I. Der Schluss vom Allgemeinen auf das Besondere (*syllogismós* im engeren Sinn), ***Deduktion***;

II. Der Schluss vom Besonderen (aus beobachteten Einzelfällen) auf das Allgemeine *(epagogé)*, ***Induktion.***

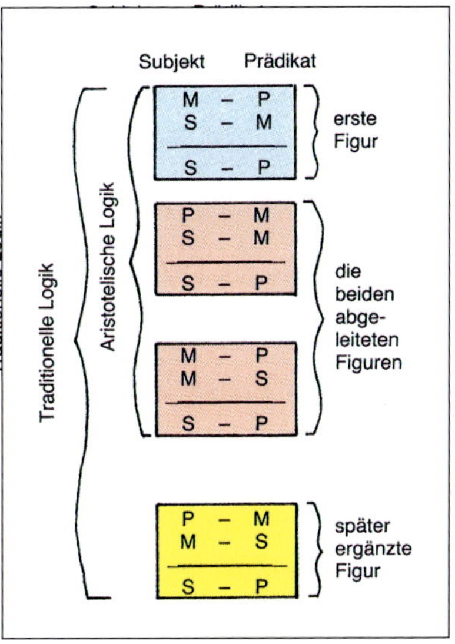

Die Figuren des Syllogismus (nach dtv-Atlas Philosophie S. 46)

Zu den Figuren des Syllogismus > Abb. rechts!
Von den 4 Figuren stammen die ersten drei von Aristoteles, die vierte hat der Arzt Galenus (129–199 n. Chr.) ergänzt:
Beispiel für Figur 1:
Alle empfindenden Geschöpfe sind beseelt.
Die Tiere sind empfindende Geschöpfe. Also sind alle Tiere beseelt.

4.3.1–4 Aufgaben zur Interpretation

4.3.1

1. Erstellen Sie Strukturbilder für die Zeilen 3–6 und 9–13 dieses Texts!
2. Welche Erkenntnis steckt in der Aussage *non esse iudicium veritatis in sensibus* und *mentem volebant esse iudicem ..., cui crederetur*? Auf welche Erkenntnisse geht dieses Vertrauen in die *mens* zurück?
3. Befassen Sie sich näher mit der Formulierung *quod semper esset simplex et unius modi et tale, quale esset* (Z. 5f.) und begründen Sie in Wiederholung der philosophischen Propädeutik mit Hilfe eines Reallexikons die eleatische Herkunft des Gedankens!

4.3.2 und 4.3.3

4. Nennen Sie die Bestimmungskategorien mit denen man nach Meinung der Peripatetiker jede Erscheinungsungsform festlegen kann! (Vgl. Sie dazu auch T 3.3.1, S. 41!)
5. Diskutieren Sie die drei in T 4.3.2 von Seneca zusätzlich erwähnten *causae rerum* und begründen Sie die Hinzunahme anhand der zehn logischen Denk-Kategorien des Aristoteles und der Peripatetiker (> S. 66)!
6. Bestimmen Sie eine oder mehrere beliebige Erscheinungsformen nach diesen 10 Denkkategorien!

4.3.4 K

7. Entwickeln sie weitere Beispiele zu den Figuren 2, 3 und 4 des Syllogismus!

4.4 Die Ethik

Auch in der Ethik sind die Auffassungen von Akademie und Peripatos in weiten Bereichen gleich oder sehr ähnlich (> S. 49 ff.). Es geht immer um werthaftes, ehrenhaftes ethisches Handeln, also um *virtus* und *honestum*. Die folgenden Texte bringen Ergänzungen zur Akademie und Vertiefungen, sowie einige wenige *specifica* der Peripatetiker

Ausschnitt aus Abb. S. 42: Platon zeigt hinauf zum Ideenreich, Aristoteles nach vorne auf die Entwicklung des Lebensweges und seiner Zielsetzung

4.4.1 Zu den ethischen Zielen des Peripatos

(Cicero, De finibus V 37)

Ea enim **vita expetitur,** quae sit animi corporisque **expleta virtutibus**, in eoque **summum bonum** poni necesse est, quandoquidem **id tale esse debet, ut rerum expetendarum sit extremum.**

4.4.2 Die *virtus* muss erarbeitet werdem!

(Cicero, De finibus V 59f.)

Natura igitur corpus quidem hominis sic et genuit et formavit, ut **alia** in primo ortu perficeret, **alia** progrediente aetate fingeret. … Quod autem in homine praestantissimum atque optimum est, id deseruit, etsi dedit talem mentem, quae omnem virtutem accipere posset ingenuitque sine doctrina notitias parvas rerum maximarum et quasi instituit docere et induxit in ea, quae inerant tamquam elementa virtutis. **Sed virtutem ipsam inchohavit, nihil amplius.**
Itaque **nostrum est … ad ea principia, quae accepimus, consequentia exquirere, quoad sit id, quod volumus, effectum**.
Itaque **omnis honos, omnis admiratio, omne studium ad virtutem et ad eas actiones, quae virtuti sunt consentaneae, refertur**; eaque omnia, quae aut ita in animis sunt aut ita geruntur, uno nomine **honesta** dicuntur.

4.4.1 **1 quae sit:** Konsek. Sinnrichtung des Konjunktivs! – **2 summum / extremum bonum:** > PhWSch 4.3.4, S. 13 – **poni in:** > PhWSch 4.3.1, S. 11 – **3 quandoquidem:** zumal da ja – **4 res expetendae:** > PHWSch 4.3.4, S. 13

4.4.2 **1 in primo ortu:** *hier:* gleich bei der Geburt – **2 fingere:** PhWSch 4.3.1, S. 11 – **praestans:** herausragend – **3 deserere** *hier:* (sich selbst) überlassen – **4/5 quae … posset:** Sinnrichtung des Konjunktivs! – **ingignere:** einpflanzen – **sine doctrina:** ohne Belehrung – **notitiae parvae:** > PhWSch 4.3.3, S. 13 – **5 elementa:** > PhWSch 4.3.2, S. 12 – **6 inchohare alqd.:** *hier:* für etwas die Ansätze liefern – **7/8 consequentia exquirere:** *hier:* folgerichtige Überlegungen anstellen – **10 actio:** PhWSch 4.3.4, S. 13 **consentaneus** (*mit Dat.*): > PhWSch 4.3.1, S. 11 – **referre ad:** > PhWSch 4.3.1, S. 11 – **11 honestum / honesta:** > PhWSch 4.3.4, S. 13

Wiederholen Sie die folgenden Aussagen des Aristoteles zur Ethik, die Sie z. T. schon aus der *Philosophischen Propädeutik* kennen! Rufen Sie sich dabei den **Unterschied zwischen deontologischer und teleologischer Ethik** in Erinnerung!

4.4.3 E Was ist ein „Gut“ … (Aristoteles, Nikomachische Ethik I 1094 a 1–3 …)

Jedes praktische Können und jede wissenschaftliche Untersuchung, ebenso alles Handeln und Wählen strebt nach einem Gut. … Daher die richtige Bestimmung von „Gut“ als „das Ziel, zu dem alles strebt“. …

4.4.4 E … und worauf zielt es hin (… u. 107 a 26–b 8 – Ü. von F. Dirlmeier)

Nicht alle Ziele sind Endziele. Das oberste Gut aber ist zweifellos ein Endziel. Daher der Schluss: Wenn es nur ein einziges wirkliches Endziel gibt, so ist dies das gesuchte Gut, wenn aber mehrere, dann unter diesen das vollkommenste.
Als vollkommener aber bezeichnen wir das Gut, das rein für sich erstrebenswert ist gegenüber dem, das Mittel zu einem anderen ist. … Und als vollkommen schlechthin bezeichnen wird das, was stets rein für sich gewählt wird und niemals zu einem anderen Zweck.
Als solches Gut aber gilt in hervorragendem Sinne **das Glück**. Denn das Glück erwählen wir uns stets um seiner selbst willen und niemals zu einem darüber hinausliegenden Zweck.
Die Ehre dagegen und die Lust und die Einsicht und jegliche Tüchtigkeit wählen wir einmal um ihrer selbst willen – auch ohne jeden weiteren Vorteil würden wir jeden dieser Werte für uns erwählen – sodann aber auch um des Glückes willen, indem wir annehmen, dass sie uns zum Glück führen.

4.4.5 Die Natur als Ausgangspunkt (Cicero, Libri Academici, I 19)

Ac primum illam partem bene vivendi (Peripatetici) a natura petebant eique parendum esse dicebant **neque ulla alia in re nisi in natura quaerendum esse illud summum bonum, quo omnia referrentur;**
constituebantque extremum esse rerum expetendarum et finem bonorum **adeptum esse omnia e natura et animo et corpore et vita.**

4.4.5 **3 summum bonum:** > PhWSch 4.3.4, S. 13 – **referre:** > PhWSch 4.3.2, S. 12 – **4 res expetendae … finis bonorum:** > PhWSch 4.3.4, S. 13 – **5 animo … corpore … vita:** abl. limitationis, der Beziehung, des Bereichs – **vita:** *hier:* die (gesamte) Lebenshaltung

4.4.6 Nach einer Zusammenfassung verschiedener Stellungnahmen zum *summum bonum*, insbesondere des Antiochos, eines Zeitgenossen Ciceros, der konsequent den Standpunkt vertritt, Akademie und Peripatos hätten die gleichen philosophischen Grundprinzipien, hält Cicero fest:

Entscheidend ist die genaue Bestimmung des *summum bonum* und seines Ursprungs

(Cicero, De finibus V 15–16)

Hoc (= summo bono) enim constituto in philosophia constituta sunt omnia. Nam ceteris in rebus, sive praetermissum sive ignoratum est quippiam, non plus incommodi est, quam quanti quaeque earum rerum est, in quibus neglectum est aliquid.

Summum autem bonum si ignoretur, vivendi rationem ignorari necesse est, ex quo tantus error consequitur, ut, quem in portum se recipiant, scire non possint. Cognitis autem rerum finibus, **cum intellegitur, quid sit et bonorum extremum et malorum, inventa vitae via est conformatioque omnium officiorum, cum quaeritur, quo quodque referatur**. Ex quo, id quod omnes expetunt, **beate vivendi ratio** inveniri et parari potest.

Constitit autem fere inter omnes id, in quo prudentia versaretur et quod assequi vellet, **aptum et accommodatum naturae esse oportere** et tale, ut ipsum per se invitaret et alliceret appetitum animi, quem *hormén* Graeci vocant.

Quid autem (id) sit, quod ita moveat itáque a natura in primo ortu appetatur, non constat; deque eo est inter philosophos, cum summum bonum exquiritur, omnis dissensio. Totius enim quaestionis eius, quae habetur de finibus bonorum et malorum – cum quaeritur, quid sit extremum et ultimum – fons reperiendus est, in quo sint prima invitamenta naturae.

4.4.6 **ÜS/1 summum bonum** > PhWSch 4.3.4, S. 13 – **1 constituere:** > PhW Sch 4.3.1, S. 11 – **2 praetermittere:** übersehen – **quippiam (= quidpiam):** > PhWSch 4.3.1, S. 11 – **3 incommodum:** Nachteil – **quanti** (*gen. pretii*) – **5 necesse est:** > PhWSch 4.3.1, S. 11 – **7 fines rerum:** > PhWSch 4.3.4, S. 13 – **cum:** explicativum (dadurch dass) – **extremum bonorum** > PhWSch 4.3.4, S. 13 – **8 conformatio:** *hier:* Richtlinien, Ausrichtung – **9 referre aliquo:** > PhWSch 4.3.1, S. 11 – **beate vivendi ratio** > Ph WSch 4.3.4, S. 13 – **11** Ⓚ Ordnen Sie: **constitit inter omnes id ... aptum et accomodatum naturae esse oportere – versari in:** sich befassen mit – **12 aptus ... accommodatus:** angemessen und angepasst – **13 allicere appetitum animi:** das Streben der Seele aktivieren – **14 movere:** *hier:* die Bewegung in Gang bringen – **in primo ortu:** gleich bei der Geburt – **16 quaestio:** > PhWSch 4.3.3, S. 13 – **17 extremum ... ultimum:** > PhWSch 4.3.4, S. 13 – **18 invitamentum:** Lockmittel, Reiz

4.4.7 E Aristoteles beschreibt den Weg zu einem werthaften Leben

(Aristoteles, Nikomachische Ethik X, 1179 b f. – Übers. F. Dirlmeier)

Wie man zu einem wertvollen Menschen wird, dafür gibt es drei Ansichten: **1. durch Naturanlage – 2. durch Gewöhnung – 3. durch Belehrung.**
Nun ist klar, dass die **Gabe der Natur** nicht in unsere Macht gegeben ist, sondern den wahrhaft vom Glück Begünstigten, durch göttliches Walten zukommt. **Das belehrende Wort** aber hat wohl kaum bei allen entscheidenden Einfluss, sondern die Seele des Hörers muss erst durch vorherige **Gewöhnung** dazu bereit gemacht werden, sich in Zuneigung und Hass vom Edlen leiten zu lassen, bearbeitet wie ein Stück Land, das den Samen nähren soll. Denn wer dem Gefühl und der Leidenschaft lebt, hört nicht auf das (ab)ratende Wort, und wenn, so würde er es wiederum nicht verstehen. … Ja, man kann ganz allgemein sagen: **Irrationaler Trieb weicht nicht dem Wort, sondern nur der Gewalt**. Es muss also eine charakterliche Grundstruktur gewissermaßen schon von vorneherein da sein, der ethischen Hochform verwandt sein; ein Charakter der das Edle liebt und das Unedle verabscheut.

4.4.8 K Zur *mesótes*-Lehre des Aristoteles

(nach H. Krefeld, *Hellenikà*, S. 223)

(Aristoteles) idealisiert. Dies aber nicht normativ („Der ideale Mensch soll dies tun, jenes meiden.“), sondern eben deskriptiv („Dies tut er, jenes meidet er und die Folgen sind die und die“). Dies ist nur möglich, wenn es das Ideal in der Realität gibt. Damit gibt Aristoteles dem alten Problem *Tugendwissen* eine maßvolle Lösung. Er leugnet weder, dass Tugend lehrbar, noch dass sie der Rationalität zugänglich ist; als ihr Zentrum erkennt er aber die durch praktische Erfahrung und Bewährung zur festen Gewohnheit gewordene Haltung *(héxis)*. Als tugendhaft bestimmt er **die gute Mitte *(mesótes)*** zwischen unguten Extremen: z. B. Freigiebigkeit zwischen Verschwendung und Geiz oder Tapferkeit zwischen Tollkühnheit und Feigheit.

Beispiele zur *mesótes*-Lehre des Aristoteles (nach dtv-Atlas Philosopohie S. 50)

4.4.8 Text-Beispiel zu ‚Feigheit – Mut – Tollkühnheit'

Drei Apophthegmata des Erasmus sollen veranschaulichen, dass Mut in der Mitte zwischen Feigheit und allzu verwegener Tollkühnheit liegt:

4.4.8.1 Feigheit

(Erasmus, Apophthegmata V Themistokles, S. 393, 14)

In Eretrienses (Themistocles) ita cavillari solet, ut diceret eos similes piscium (esse), qui *gladioli* vocantur, quippe qui gladium quidem haberent, cor autem non haberent, notans illorum ignaviam, quod armatis non esset animus.

4.4.8.2 Mut

(Erasmus, Apophthegmata, II Laconum, S. 128, 62)

Buris et Spartis Lacedaemonii sponte profecti sunt ad Xerxem, regem Persarum, daturi poenas, quas Lacedaemonii iuxta oraculum pendere debebant eo, quod oratores a Persa missos occidissent.

Qui cum venissent ad Xerxem, iusserunt, ut ipsos, quocumque modo (sibi) videretur, interficeret pro Lacedaemoniis. Cumque rex admiratus et pietatem in patriam et animorum fortitudinem liberasset illos a poena peteretque, ut apud se manerent, „Qui possumus", inquiunt, „hic vivere relicta patria patriisqui legibus ac viris, quorum gratia tantum iter susceperimus morituri?"

4.4.8.3 Soviel Kühnheit hätte ins Auge gehen können

(Erasmus, Apophthegmata, IV Caesar, S. 316. 1)

C. Iulius Caesar, cum Sullam fugeret, incidit in piratas Cilices. Ac primum, ubi pro redemptione summam, quam ab ipso peterent, pronuntiassent, irrisit praedones velut ignaros, quem cepissent, seque duplum daturum pollicitus est.

Deinde, cum asservaretur, donec adferretur pecunia, imperavit illis, ut silerent nec sibi dormienti obstreperent. Eisdem orationes et carmina, quae scribebat, recitare solebat.

Quae cum illi non satis probarent, stupidos ac barbaros (eos) appellabat cumque risu minitabatur se illos acturum in crucem, quod et perfecit. Apportatis enim pecuniis, quas piratae pro redemptione pacti fuerant, dimissus contractis ex Asia viris ac navibus comprehendit eosdem praedones ac suspendit.

4.4.8.1 **1 cavillari in alqm:** jmd. verspotten – **3 armatus:** konzess. Sinn d. Part.

4.4.8.2 **1 Buris,-is … Spartis, -is:** spart. Namen – **2 iuxta oraculum:** gemäß dem Orakel – **2 eo, quod:** *hier:* dafür dass … – **7 qui:** > PhWSch 4.3.1, S. 11

4.4.8.3 **1 Cilices:** aus Kilikien (in Kleinasien) – **2 redemptio < redimere – pronuntiare:** bekannt geben – **3 duplum:** das Doppelte – **4 asservare:** bewachen – **5 obstrepere:** umlärmen – **7 stupidus = stultus – 8 minitari:** drohen – **9 pacisci (pactus):** vereinbaren **(pacti fuerant = pacti erant – 10 suspendere:** *hier:* ans Kreuz schlagen lassen

4.4.9 B In JSt. 10 haben Sie den Unterschied zwischen den beiden ethischen Hauptrichtungen der **deontologischen** und der **teleologischen** Ethik kennen gelernt. Wiederholen Sie diese Zuordnung anhand der folgenden Übersicht und bearbeiten Sie dazu die Aufgaben zu T 4.4.3 bis 4.4.5 unten!

Handlung

↙ ↘

Gesinnung:	**Folgen:**
Eine Ethik heißt **deontologisch**, wenn die eine Handlung bestimmende Gesinnung, das Pflicht-Bewusstsein, ihre Grundlage ist. (griech.: *tò déon* = das, was getan werden muss; die Pflicht)	Eine Ethik heißt **teleologisch**, wenn sie die Moralität einer Handlung nach ihren Folgen beurteilt. (griech.: *télos* = Ziel, Zweck)

4.4.1–4.4.8 Aufgaben zur Interpretation

4.4.1 1. Wie ist in diesem Text das *summum bonum* definiert? Was ergibt sich aus dieser Definition für unsere heutige Lebensordnung?

4.4.2 2. Welche Pflichten erwachsen aus den Anlagen, welche die Natur dem Menschen hinsichtlich der *virtus* mitgegeben hat? Welches Ziel ist damit vorgegeben?

4.4.3 bis 4.4.5 3. In JSt. 10 haben Sie von der modernen Unterscheidung zwischen deontologischer und teleologischer Ethik gehört. Diskutieren Sie die Texte und ordnen Sie sie entsprechend zu! Beachten Sie dabei die überaus aktuelle Definition des *summum bonum* in Text 4.4.5! Wie ist die Abgrenzung *et animo et corpore et vita* zu verstehen?

4.4.6 4. Wie begründet Cicero die primäre Notwendigkeit, das *summum bonum* zu definieren? Was hängt von einer richtigen Definition desselben alles ab? Nennen Sie die entsprechenden Formulierungen!

5. Erstellen Sie für die Abschnitte 2 u. 3 (Z. 5–14) jeweils ein Strukturbild!

6. Erklären Sie in den Zeilen 15–18 näher, was Cicero mit den Formulierungen *quod moveat … (quod) appetatur … fons reperiendus … invitamenta* sagen will!

4.4.7 E 7. Diskutieren Sie die drei von Aristoteles genannten Möglichkeiten, sich zu einem an Werten orientierten und Werte vermittelnden Menschen zu entwickeln! Müssen wir sie – auch wegen der emotionalen Neigungen der Menschen kritisch beurteilen?

4.4.8 K 8. Wie versucht H. Krefeld den Zwiespalt zwischen der teleologischen Denkweise des Aristoteles und der ideenbezogenen Platons zu überwinden, um so die *mesótes*-Lehre des Aristoteles zu erklären?

4.4.8.1–3 9. Arbeiten Sie bei den drei Texten jeweils das *nimis,* das *parum* bzw. das *medium* heraus! Stellen Sie für weitere *virtutes* nach der *mesótes*-Lehre des Aristoteles das *parum – medium – nimis* zusammen!

10. Erstellen Sie ein Strukturbild für die Z. 8–10 von T 4.4.8.3!

4.5 Die Staatsphilosophie der Peripatetiker

Anthropos zóon politikón estin – Homo animal sociale

Im folgenden Text, von dem wir schon in der Propädeutik die ersten Zeilen kennen gelernt haben, bringt Cicero den Menschen in Anlehnung an Aristoteles als ***zóon politikón*** ins Spiel und erläutert, dass – aus diesem Wesen heraus – alle Tugenden untereinander zusammenhängen, wie schon in der Nikomachischen Ethik (1144 b 30 ff.) des Aristoteles dargelegt.

4.5.1 Gemeinschaftsgefühl und Gerechtigkeitssinn als Grundlage des menschlichen Zusammenlebens

(Cicero, De finibus V 65–66)

In omni autem honesto, de quo loquimur, nihil est tam illustre nec quod latius pateat quam

coniunctio inter homines hominum et quasi
quaedam societas et communicatio utilitatum et
ipsa caritas generis humani.

Quae nata a primo satu, quod a procreatoribus nati diliguntur et tota domus coniugio et stirpe coniungitur, serpit sensim foras,

- cognationibus primum, tum affinitatibus,
- deinde amicitiis, post vicinitatibus,
- tum civibus et iis, qui publice socii atque amici sunt,
- deinde totius complexu gentis humanae.

Quae animi affectio **suum cuique tribuens atque hanc, quam dico, societatem coniunctionis humanae munifice et aeque tuens**

iustitia

dicitur, cui sunt adiunctae

pietas
bonitas
liberalitas
benignitas
comitas

quaeque sunt generis eiusdem.

4.5.1 **ÜS: *zóon politikon:*** gemeinschaftbildendese Wesen – **1 in omni honesto:** im ganzen Bereich des ehrenhaften Verhaltens – **illustris:** bedeutend, angesehen – **1/2 latius patere:** mehr Möglichkeiten öffnen – **3 coniunctio** > PhWSch 4.3.5, S. 14 – **4 societas et communicatio utilitatum:** > PhWSch 4.3.5, S.14 – **5 caritas generis humani;** > PhWSch 4.3.5, S. 14 – **6 a primo satu:** unmittelbar von Geburt an – **procreatores:** Eltern – **nati:** *hier:* Kinder – **6/7 coniugium:** Ehe – **stirps:** > PhWSch 4.3.2, S. 12 – **serpere sensim foras:** sich allmählich über das Haus hinaus ausdehnen – **8 cognatio:** > PhWSch 4.3.5, S. 14 – **affinitates:** Bekanntschaften – **9 vicinitates:** Nachbarschaft – **10 cives:** Mitbürger – **publice socii:** politische Verbündete – **11 complexus:** *hier:* Einbeziehung – **12 animi affectio:** 4.3.4, S.13 – **12/13 societas coniunctionis humanae:** > PHWSch 4.3.5, S. 14 – **munifice et aeque:** großzügig und in ausgeglichner Weise – **17 bonitas:** Güte – **19 benignitas:** Liebenswürdigkeit – **20 comitas:** Gefälligkeit

4.5.1 Forts.

Atque haec ita iustitiae propria sunt, ut sint virtutum reliquarum communia. Nam cum sic hominis natura generata sit, ut habeat quiddam ingenitum quasi **civile** atque **populare**, quod Graeci ***politikón*** vocant, quicquid aget quaeque virtus, id a communitate et ea, quam exposui, caritate ac societate humana non abhorrebit vicissimque iustitia, ut ipsa se fundet in ceteras virtutes, sic illas expetet. Servari enim iustitia nisi a forti viro, nisi a sapiente non potest.

4.5.2 E Staatskunst als oberstes Ziel

(Aristoteles, Nikomachische Ethik I 1094 a 27–b 7 – Übersetzung F. Dierlmeier)

Wir müssen versuchen, wenigstens umrisshaft das Wesen des obersten Gutes zu erfassen. ... Man wird zugeben: Es gehört in den Bereich der Wissenschaft, welche dies im eigentlichsten und souveränsten Sinne ist. Als solche aber erweist sich die Staatskunst. ... Da sie es also ist, die sich der übrigen praktischen Künste als Mittel bedient und dazu noch gesetzgeberisch bestimmt, was zu tun und was zu lassen sei, so umfasst ihr Endziel die Ziele aller anderen und dieses ihr Ziel ist daher für die Menschen das oberste Gut.

4.5.1–4.5.2 Aufgaben zur Interpretation

4.5.1

1. Cicero überträgt in den Z. 1–5 mit Aristoteles die Erkenntnisse der Ethik auf die Staatsgemeinschaft der Menschen: Inwiefern weist die *communicatio utilitatum* doch sehr auf das römische Denken zurück?
2. Welche Gruppen von Menschen bezieht die *caritas generis humani* (Z. 5) in diese *societas* ein (Z. 8–11)? Finden Sie für die vier Gruppen jeweils einen zusammenfassenden Ausdruck!
3. Mit welchen zwei Formulierungen definiert Cicero im dritten Text-Abschnitt die Gerechtigkeit? Suchen Sie eine angemessene deutsche Übersetzung (> auch T 3.5.7 E, S. 58 bei der Akademie)! Begründen Sie die Verknüpftheit der Gerechtigkeit mit den anderen Tugenden *(bonitas – benignitas – liberalitas)!*
4. Definieren Sie aus ihrer Herkunft genau die Bedeutung der lateinischen Begriffe ***civile*** (griech.: ***politikón*** von *pólis* = Stadt und *polítes* = Bürger) und ***populare*** (Z. 22 ff.)!

4.5.2 E

5. Bewerten und begründen Sie die These des Aristoteles, dass „Staatskunst“ in ihrem Endziel als höchstes Gut alle anderen Ziele umfasst!

4.5.1 **22 haec:** *hier:* dies alles – **ita ... ut ...:** in der Weise ... dass – **communia:** *hier:* gemeinsames Merkmal – **23 generatus:** er-/beschaffen – **23/24 quiddam quasi civile atque populare:** eine gewisse Bindung an die Mitbürger und die Staatsgemeinschaft, > auch PhWSch 4.3.5, S. 14 – ***politikón*** (*griech.*): > PhW Sch 4.3.5, S. 14 – **25 communitas:** > PhW Sch 4.3.5, S. 14 – **abhorrere:** *hier:* nicht abweichen – **26 vicissim:** umgekehrt – **se fundere in:** einfließen in – **expetere:** *hier:* (heraus-) fordern, -holen

5 Zenon und die Stoa

Die **Stoa**, so benannt nach der Säulenhalle (> Abb.auf S. 77) auf dem Markt Athens, wurde von **Zenon** (334–261 v. Chr.) aus der zypriotischen Stadt Kition gegründet.
Aus der **Älteren Stoa** (310–160) sind vor allem **Kleanthes aus Assos** (ca. 321–232 v. Chr.) als Nachfolger Zenons und **Chrysipp** (ca 281–208 v. Chr.) **aus Soloi**, Schulhaupt der Stoa nach Kleanthes und Vollender der stoischen Philosophie, bekannt.
Die **Mittlere Stoa** hatte ihre Hauptvertreter in **Panaitios aus Rhodos** (180–110 v. Chr.), Freund des Publius Cornelius Scipio Aemilianus, und **Poseidonios** (130–50 v. Chr.) **aus Apameia** in Syrien, der als Erneuerer der Stoa gilt. Zu seinen Hörern zählte auch M. Tullius Cicero.
Die **Jüngere Stoa** der römischen Kaiserzeit wurde vor allem von **Seneca** (4 v. Chr.–60 n. Chr.), dem Philosophen und Erzieher Neros, von **Epiktet** (60–140 n. Chr.) und Kaiser **Marc Aurel,** der von 161–180 n. Chr. regierte, vertreten.

5.1 Grundzüge stoischer Philosophie

5.1.1 Mens und divina mens

(Cicero, Tusc. disputationes V 70)

Haec tractanti animo et noctes et dies cogitanti exsistit illa a deo Delphis praecepta cognitio, **ut ipsa se mens agnoscat coniunctamque cum divina mente se sentiat**, ex quo insatiabili gaudio compleatur.
Ipsa enim cogitatio de vi et natura deorum studium incendit illius aeternitatem imitandi neque se in brevitate vitae collocatam putat, cum **rerum causas alias ex aliis aptas et necessitate nexas videt**, quibus ab aeterno tempore fluentibus in aeternum ratio tamen mensque moderatur. Haec ille intuens atque suspiciens vel potius omnes partes orasque circumspiciens **quanta rursus animi tranquillitate humana et citeriora considerat!**

5.1.1 **1 haec:** bezogen auf die Beschäftigung mit der Philosophie – **illa a deo praecepta cognitio:** die vorgegebene Erkenntnis (das berühmte *„gnóthi seautón!“* „Erkenne Dich selbst!“ am Tempel des Apoll in Delphi) – **3 insatiabilis:** *hier:* unendlich – **4 cogitatio:** > PhWSch 4.3.1, S. 11 – **aeternitas < aeternus** (> WBL, S. 10) – **illius:** bezogen auf **divina mens** – **5 rerum causae:** > PhWSch 4.3.2, S. 12 – **alias ex aliis aptas et necessitate nexas:** einander angepasst und zwangsläufig verknüpft – **7 moderari** (*m. Dat.*): lenken – **suspicere:** betrachten – **8 circumspicere:** *hier:* überschauen – **tranquillitas**: zum stoischen Ideal der (*griech.*) ***ataraxía*** > PhWSch 4.3.4, S. 13 – **9 citeriora:** das Irdische, Diesseitige

Die 1953–56 wiederaufgebaute **Stoá** (Säulenhalle) des Königs Attalos II. auf der alten Agora in Athen

5.1.2 *Virtus* und *vita beata* (Cicero, Tusc. disput. V 71)

Hinc illa **cognitio virtutis** exsistit, efflorescunt genera partesque virtutum, invenitur, quid sit, **quod natura spectet extremum in bonis, quid in malis ultimum, quo referenda sint officia, quae degendae aetatis ratio deligenda.** Quibus et talibus rebus exquisitis hoc vel maxime efficitur, quod hac disputatione agimus, ut **virtus ad beate vivendum sit se ipsa contenta**.

5.1.3 Staatszuwendung (Cicero, Tusc. disput. V 72)

Transeat idem iste sapiens ad **rem publicam tuendam**. Quid eo possit esse praestantius, cum **contineri prudentia utilitatem civium** cernat, **iustitia nihil in suam domum inde derivet**, reliquis utatur tot tam variisque virtutibus. Adiunge fructum amicitiarum, in quo doctis positum est cum consilium omnis vitae consentiens et paene conspirans, tum summa iucunditas e cottidiano cultu atque victu. Quid haec tandem vita desiderat, quo sit beatior? …

5.1.2 **1 hinc:** bezogen auf die philosophische Einstellung (> 5.1.1) – **cognitio:** > PhWSch 4.3.1, S. 11 – **virtus:** > PhWSch 4.3.4, S. 13 – **efflorescere:** aufblühen – **2 extremum … ultimum …:** > PhWSch 4.3.4, S. 13 – **3 referre aliquo** > PhWSch 4.3.1, S. 11 – **aetatis degendae ratio:** Art der Lebensführung – **4 exquirere:** erforschen

5.1.3 **1 tueri:** > PhWSch 4.3.5, S. 14 – **2 cum:** *hier:* als wenn – **continere:** *hier:* wahren – **3 derivare:** (für sich) abzweigen – **4 positus in:** > PhW Sch 4.3.1, S. 11 – **4/5 cum … tum …** > PhWSch 4.3.1, S. 11 – **consilium omnis vitae consentiens et conspirans:** eine gemeinsame harmonische Planung fürs ganze Leben – **5 iucunditas < iucundus:** > WBL, S. 10 – **cultus atque victus:** kultivierte Lebensweise

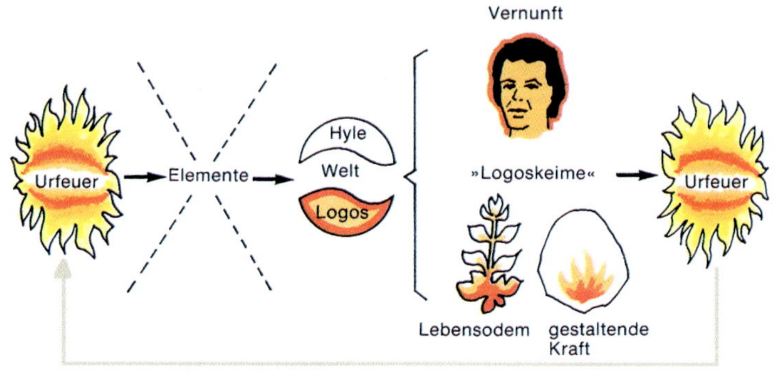

Stoische Natur-Lehre (schem. Darst. nach dtv-Atlas Philosophie, S. 54)

5.2 Die Naturphilosophie der Stoa

5.2.1 Das Feuer als Ursprung

(Cicero, De finibus IV 11–12)

Similia dici possunt de explicatione naturae, qua et hi (= Peripatetici) utuntur et vestri (= Stoici) … Ergo in hac ratione tota de maximis fere rebus Stoici illos (philosophos) secuti sunt, ut et **deos esse et quattuor ex rebus omnia constare** dicerent. Cum autem quaereretur res maxime difficilis, **num quinta quaedam natura videretur esse, ex qua ratio et intelligentia oriretur**, in quo etiam de animis, cuius generis essent, quaereretur, **Zeno id dixit esse ignem**; nonnulla deinde aliter (dixit), sed ea pauca. De maxima autem re eodem modo (dixit): **divina mente atque natura mundum universum et eius maximas partes administrari.**

5.2.2 K Die totale Einheit der Natur

(Kommentierende Darstellung – Eckstein, Abriss Kap. 203, S. 114)

Die Naturlehre der Stoiker … ist **materialistisch und monistisch**. Die Natur ist eine Einheit, etwas Ganzes, Vollkommenes, ein geordnetes Gebilde, ein beseeltes Wesen. **Stoff und Form, Körper und Geist sind eins**, die ganze Welt ist eine einheitliche, stofflich-körperliche, kraftgeladene Substanz). Alles Wirken und Werden erfolgt durch körperlich-stoffliche Ursachen, nicht durch die Dinge, welche unsere Sinne wahrnehmen; auch das in der Welt wirkende Gesetz, die Weltvernunft, auch als Gottheit personifiziert, die Seele, die Tugenden, unsere Affekte haben körperlichen Ursprung.

- **Unkörperlich sind nur der Raum, das Leere und die Zeit**.
- **Die Weltvernunft, ist kein geistiges Wesen, sondern wird gedacht als stoffliches Feuer** (> Heraklit!) **oder als feuriger Lufthauch**

(griech. *pneúma*). Dieses Pneuma durchströmt alles und bewirkt, dass die Welt ein beseeltes Ganzes ist. Durch das Wirken dieser Urkraft geschieht alles in der Welt mit Naturnotwendigkeit; diese Notwendigkeit nennt der Mensch Verhängnis, Schicksal. ... Das Urfeuer entwickelt aus sich die Elemente.

5.2.1 **1 explicatio naturae:** Naturphilosophie – **2 ratio:** *hier:* Bereich – **5 natura:** > PhWSch 4.3.2, S. 12 – **intelligentia:** Erkenntnis, Einsicht, Denken – **in quo:** wobei – **6 animorum genus:** Wesen der Seelen

5.3 Logik und Erkenntnistheorie

5.3.1 In der Logik folgt die Stoa der Akademie und dem Peripatos

(Cicero, De finibus IV 8 – 10 m. A.)

Sequitur disserendi ratio cognitioque naturae;
... in his igitur partibus duabus nihil erat, quod Zeno commutare gestiret. Res enim se praeclare habebat et quidem in utraque parte.
Quid enim ab antiquis **ex eo genere, quod ad disserendum valet**, praetermissum est? Qui et definierunt plurima et definiendi artes reliquerunt, quodque est definitioni adiunctum, ut res in partes dividatur, id et fit ab illis et, quemadmodum fieri oporteat, traditur; item de contrariis, a quibus ad genera formasque generum venerunt. ... Cumque duae sint artes, quibus perfecte ratio et oratio compleatur, una inveniendi, altera disserendi, hanc posteriorem et Stoici et Peripatetici (tradiderunt), priorem autem illi egregie tradiderunt, hi omnino ne attigerunt quidem.

5.3.2 Auch die Stoa nennt *causa* und *materia* als Bestimmungs-Kategorien

(Seneca, epist. 65, 2–3)

Dicunt, ut scis, Stoici nostri duo esse in rerum natura, ex quibus omnia fiant, **causam** et **materiam.**

- **Materia** iacet iners, res ad omnia parata, cessatura, si nemo moveat;
- **causa autem, id est ratio, materiam format** et quocumque vult, versat; ex illa varia opera producit.

Esse ergo debet, **unde fiat** aliquid, **deinde a quo fiat:**
hoc causa est, **illud materia**.

→

5.3.1 **1 disserendi ratio:** > PhWSch 4.3.3, S. 12 – **cognitio naturae:** *hier:* Naturphilosophie – **2 gestire:** sich (etwas) besonders wünschen – **3 clare se habere:** *hier:* vortrefflich aufgebaut sein – **4 genus:** *hier:* Bereich – **ad disserendum valere:** die Argumentation angehen, betreffen – **praetermittere:** *hier:* versäumen – **5 definire ... definitio:** > PhWSch 4.3.3, S. 12 – **6 in partes dividere:** aufteilen, gliedern – **7 contraria:** das Gegensätzliche – **genera et formae** > PhWSch 4.3.2, S. 12 – **8 artes:** *hier:* Fähigkeiten - **perfecte**: vgl. Sie das dt. Fremdwort! – **ratio et oratio:** eine durchdachte Rede – **compleri:** *hier:* sich vollenden – **9 invenire ... disserere** > PhWSch 4.3.3, S. 12/13 – **10 illi:** bezogen auf die Peripatetiker!

5.3.2 **2 causa ... materia:** > PhWSch 4.3.2 S. 12 – **3 iners:** träg, kraftlos – **cessare:** weichen, aufhören, untätig/unnützt sein – **4 quocumque:** wohin auch immer – **versare:** (Verbum intensivum zu **vertere**) hin und her bewegen, antreiben

5.3.2
Forts.

Omnis ars naturae imitatio est; itaque, quod de universo dicebam, ad haec transfer, quae ab homine facienda sunt! Statua et materiam habuit, quae pateretur artificem, et artificem, qui materiae daret faciem; ergo in statua materia aes fuit, causa opifex. **Eadem condicio omnium est:**

ex eo constant, quod fit
et ex eo, quod facit.

,Der sterbende Seneca' von Peter Paul Rubens, 1611
(Alte Pinakothek, München)

5.1.1–5.3.2 Aufgaben zur Interpretation

5.1.1

1. Erstellen Sie für Satz 2 (Z. 4–8) ein Strukturbild!
2. Informieren Sie sich in einem Reallexikon oder im Internet über das stoische Ideal der *ataraxía /tranquillitas*! Wie erklärt es sich aus der in T 5.1.1 bis 5.1.3 geschilderten philosophischen Grundhaltung?

5.2.1
5.2.2 K

3. Auf welche philosophischen Vorgänger gehen die verschiedenen naturwissenschaftlichen Vorstellungen der Stoiker (T 5.2.1, Z. 3–4 und T 5.2.2 K nebst Abb. S. 78) zurück? Aus welcher sehr eigenwillig erdachten *quinta natura* sollen nach stoischer Meinung *ratio et intelligentia* hervorgehen?

5.3.1

4. Benennen Sie mit angemessenen deutschen Ausdrücken die von Cicero herausgehobenen Leistungen der antiken Philosophen (Akademie, Peripatos, Stoa) im Bereich der Dialektik und Logik (*definire – res in partes dividere – de contrariis – invenire – disserere)*!

5.3.2

5. Vergleichen Sie die Vorstellung der Stoa zu den beiden Ursachen/Bestimmungskategorien der Erscheinungsformen (*materia – causa/ratio*) mit der der Akademiker (T 3.3.1) bzw. der Peripatetiker (T 4.3.2)!
6. Seneca nennt als alternative Bedeutung für die *causa* das Wort *ratio (id est ratio,* Z. 4*)*. Was können wir dieser Erklärung für die entsprechende Auffassung der Stoiker entnehmen?
7. Welche Sprachmittel (Redefiguren etc.) finden Sie in Z. 1–8? Welche Wirkungsabsicht verfolgt der Autor mit ihrer Verwendung?

5.3.2 **8 imitiatio < imitari** (> WBL, S. 10) – **9 universum:** Weltall, Universum – **13 artificem pati:** das Werk des Künstlers an sich geschehen lassen

5.4 Psychologie und Ethik

5.4.1 Psychologie

Da die Stoa die Harmonie aller Teile des Menschen, also der Seele, des Leibes und des Geistes lehrt, haben sich die Stoiker auch **mit der Seele besonders befasst** und waren der festen Überzeugung, dass sie bei fehlender Harmonie erkranke. Dementsprechend bezeichneten sie solche Disharmonien als ***aegritudines*** oder ***perturbationes animi*** und versuchten, sie näher zu erforschen, zu bestimmen und durch genaue Erkenntnisse auch Abwehr- und Heilmöglichkeiten zu finden. Folgt man ihren Gedankengängen in den folgenden Texten, so wird schnell deutlich, dass ihre Ergebnisse gerade auf diesem Gebiet auch heute noch aktuell sind.

5.4.1.1 Nicht nur der Körper, auch die Seele kann krank sein

(Cicero, Tusc. disputationes III 22–23)

Ut corpus, etiam si mediocriter aegrum est, sanum non est, sic in animo ista mediocritas caret sanitate.

Itaque praeclare nostri (= Romani), ut alia multa, molestiam, sollicitudinem, angorem propter similitudinem corporum aegrorum **aegritudinem** nominaverunt.

Hoc propemodum verbo Graeci omnem animi perturbationem appellant: Vocant enim *páthos*, id est morbum, quicumque est motus in animo turbidus.

Nos melius: aegris enim corporibus simillima animi est aegritudo.

At non similis aegrotationis est libido, non (similis) immoderata laetitia, quae est voluptas animi elata et gestiens. Ipse etiam metus non est morbi admodum similis, quamquam aegritudini est finitimus; sed proprie, ut aegrotatio in corpore, sic aegritudo in animo nomen habet non seiunctum a dolore. Doloris huius igitur origo nobis explicanda est: **id est causa efficiens aegritudinem in animo tamquam aegrotationem in corpore**. Nam ut medici causa morbi inventa curationem esse inventam putant, sic nos causa aegritudinis reperta medendi facultatem reperiemus.

5.4.1.1 **1/2 mediocriter/mediocritas:** > PhWSch 4.3.1, S.11 – **ista** *hier:* eine solche – **2 sanitas < sanus – 3 molestia < molestus** (> WBL, S. 10) – **sollicitudo:** Unruhe, Kummer – **angor:** Beklemmung – **4 similitudo** (*mit Gen.*): Ähnlichkeit (mit etwas) – **aegritudo < aeger** (> WBL S.10) – **5 propemodum** (bezogen auf **omnem!**): fast – **6 *páthos* (= affectus):** > PhWSch 4.3.4, S. 13 – **6 turbidus < perturbare – 8 aegrotatio:** krankheitsähnlicher Zustand – **9 voluptas animi elata et gestiens:** maßlose, ausgelassene Lust der Seele – **admodum:** völlig, ganz – **10 proprie:** auf spezifische Weise – **11 nomen non seiunctum a dolore:** Begriff, der vom Schmerz nicht trennbar ist – **13 curatio < curare** (> WBL, S. 10)

5.4.1.2 Die Affekte halten uns vom guten ethischen Handeln ab

(Cicero, Tusc. disp. III 24–25)

Est igitur causa omnis in **opinione** nec vero aegritudinis solum, sed etiam reliquarum omnium perturbationum, quae sunt genere quattuor, partibus plures.
Nam cum *omnis perturbatio sit animi motus*

- **vel rationis expers**
- **vel rationem aspernans**
- **vel rationi non oboediens,**

isque motus aut boni aut mali opinione citetur bifariam,
quattuor perturbationes aequaliter distributae sunt:
Nam duae (perturbationes) sunt ex opinione boni, quarum

- **altera, voluptas gestiens** (id est praeter modum elata laetitia), **opinione praesentis magni alicuius boni,**
- **altera cupiditas** (quae recte vel libido dici potest), quae **est immoderata appetitio opinati magni boni** rationi non obtemperans.

Ergo haec duo genera, **voluptas gestiens** et **libido** bonorum opinione turbantur, ut duo reliqua, **metus** et **aegritudo, malorum** (opinione)**.** Nam

- et **metus (est) opinio magni mali impendentis**
- et **aegritudo est opinio magni mali praesentis,**

et quidem recens opinio talis mali, ut in eo rectum videatur esse angi: is autem est ut is, qui doleat, oportere opinetur se dolere.
His autem perturbationibus, quas in vitam hominum stultitia quasi quasdam furias immittit atque incitat, omnibus viribus atque opibus repugnandum est, si volumus hoc, quod datum est vitae, tranquille placideque traducere.

5.4.1.2 **1 in opinione:** in der Annahme – **1/2** Ⓚ Beziehen Sie die Genitive **aegritudinis** und **reliquarum perturbationum** zu **omnis causa!** – **2 perturbatio:** > PhWSch 4.3.4, S. 13 – **genere … partibus:** nach Gattungen … nach Formen – **4 expers** (*m. Gen.*)**:** nicht teilhaftig – **7 citare:** hervorrufen, auslösen – **bifariam** (Adv.)**:** in zweifacher Weise, nach zwei Seiten hin – **8 aequaliter:** *hier:* gleichmäßig – **10 gestire:** ausgelassen / übermütig sein – **praeter modum elata laetitia:** eine das Maß überschreitende Freude – **12 vel** *hier:* auch – **immoderatus:** unmäßig – **13 appetitio < appetere** > WBL, S. 10 – **opinatus** (pass.): eingebildet, vermeintlich (> **opinio!)** – **14 bonorum opinione turbantur:** entstehen irrtümlich in Annahme eines Gutes – **18 recens opinio:** die ganz frische Vorstellung – **angi:** sich ängstigen – **20 furia:** Rachegöttin, Dämon – **21 repugnare:** > *hier:* Widerstand leisten – **22 placidus:** friedlich ruhig – **traducere:** verbringen

5.4.1.3 Affekte behindern die Willensentfaltung

Wie in den letzten Zeilen von T 5.4.1.2 schon angedeutet, können die Affekte auch die freie Entscheidung unseres Willens behindern oder einschränken. Dazu folgende Seneca-Texte

Zenon von Kition, Begründer der Stoa (Bronzebüste, Neapel, Nationalmuseum)

a) Seneca, De ira, 2,2

„Quo(rsus)", inquit, „haec quaestio pertinet?" Ut scimus, quid sit ira. Nam si invitis nobis nascitur, numquam rationi succumbet. Omnes enim motus, qui non voluntate nostra fiunt, invicti et inevitabiles sunt ut horror frigida (aqua) adspersis.

b) Seneca, De ira, 2,3

Nihil ex his, quae animum fortuito impellunt, ‚affectus' vocari debet. Ista, ut ita dicam, patitur magis animus quam facit. Ergo affectus est non ad oblatas rerum species moveri, sed permittere se illis et hunc fortuitum motum prosequi.

c) Seneca, epist. 37,41

Humilis res est stultitia: abiecta, sordida, servilis, multis affectibus et saevissimis subiecta. … Hos tam graves dominos … dimittit a te sapientia, quae sola libertas est. Una ad hanc fert via et quidem recta; non aberrabis; vade certo gradu! Si vis omnia tibi subicere, te subice rationi. Multos reges, si ratio te rexerit.

5.4.1-2 Aufgaben zur Interpretation

5.4.1.1

1. Welche sehr modernen psychologischen Erkenntnisse stellt Cicero in T 5.4.1.1 dar? Wie nennen wir heutzutage eine *perturbatio animi*?

5.4.1.2

2. Nennen Sie anhand des Textes 5.4.1.2 die Grundzüge der stoischen Affektenlehre! Versuchen Sie eine schematische Darstellung! Suchen Sie angemessene dt. Ausdrücke für die vier Grund-Affekte!
3. Versuchen Sie aus heutiger Sicht die Bezeichnung *ex opinione* näher zu erläutern und den diesbezüglichen Zustand des von einer *motus animi* oder *perturbatio* betroffenen Menschen darzustellen!
4. Inwiefern verdeutlicht besonders die Formulierung *stultitia quasi quasdam furias in vitam hominum immittit* die Auffassung der Stoa? Bedenken Sie dabei, dass das dt. Wort *Stolz* sich von *stultitia* herleitet – „*Stultus* und *Stolz* wachsen auf demselben Holz!".
5. Diskutieren Sie mit einer Kursgruppe Philosophie das Thema „Freiheit und Determination"!

5.4.1.3 a) **1 pertinere aliquo:** sich auf etwas beziehen – **quaestio:** > PhWSch 4.3.3, S. 13 – **3 succumbere:** *hier:* sich unterwerfen – **4 invictus:** unbesiegbar – **inevitabilis < (e-) vitare** – **5 adspergere:** an-spritzen

b) **2 affectus:** > PhWSch 4.3.4, S.13 – **4 moveri:** (hier) reagieren – **se permittere:** sich überlassen

c) **1 abiectus:** kleinmütig, verächtlich – **sordidus:** schmutzig – **affectus:** > PhWSch 4.3.4, S. 13 – **3 gradus < grado**

5.4.2 Zur Ethik

Die radikal-ethischen Vorstellungen der Stoiker

Aus ihrem ethischen Radikalismus heraus ist die Stoa überzeugt, dass die Glückseligkeit **ausschließlich in der Tugend, also im werthaften Verhalten** besteht.

- Nur die Vernunft aber erkennt die *virtus,* das Werthafte,
- Unvernunft und Affekte behindern die Erkenntnis der Werte.

Nur die Erkenntnis lässt den Weisen vernunftentsprechend, also werthaft handeln und damit für sich gewinnen, was die Stoiker ***honestum*** (das werthafte Verhalten)**, das einzige echte Gut nennen.**

5.4.2.1 Seneca: Nur das *honestum* macht frei

(Seneca, epist. 74, 1 u. 6)

Quidni tu, mi Lucili, maximum putes instrumentum vitae beatae hanc persuasionem: **unum bonum esse, quod honestum est**.
Nam, qui alia bona iudicat, in fortunae venit potestatem, alieni arbitrii fit. Qui omne bonum honesto circumscripsit, intra se felix (est) …
Quisquis se multum fortuitis dedit, ingentem sibi materiam perturbationis et inexplicabilem fecit. Una haec via est ad tuta vadenti: externa despicere et **honesto esse contentum**. Nam qui aliquid virtute melius putat aut ullum praeter illam bonum, ad haec, quae a fortuna sparguntur, sinum expandit et sollicitus missilia eius exspectat.

5.4.2.2 Drei Möglichkeiten für die *fines bonorum*

(Cicero, Libri Academici II 138–140 m. A.)

Testatur saepe Chrysippus tres solas esse sententias, quae defendi possint de finibus bonorum: **Aut enim honestatem esse finem, aut voluptatem aut utrumque.** Nam qui summum bonum dicant id esse, si vacemus omni molestia, eos invidiosum nomen *voluptatis* fugere, sed in vicinitate versari.

5.4.2.1 **1 quidni:** warum nicht, gewiss – **1/2 persuasio < persuadere** (> WBL, S. 10) – **3 alieni arbitrii fit:** er ist fremder Willkür ausgeliefert – **4 circumscribere:** abgrenzen – **5 fortuita:** < PhWSch 4.3.4, S. 13 – **materia:** > PhWSch 4.3.3, S. 13 – **perturbatio < perturbare** > WBL, S. 10 – **inexplicabilis:** unlösbar, endlos – **6 ad tuta vadere:** sicheren Boden betreten – **externa:** die äußeren Güter – **8 spargere:** ausstreuen – **sinum expandere:** den Bausch (des Gewandes) ausbreiten – **sollicitus:** in Unruhe versetzt – **(fortunae) missilia:** *(eigtl.:)* die Geschosse des Schicksals: das, was das Schicksal bringt

5.4.2.2 **1 testari:** versichern – **defendi posse:** *hier:* sich vertreten lassen – **2/3 fines bonorum … honestatem … summum bonum:** > PhWSch 4.3.4, S. 13 – **3/4 invidiosus:** verrufen – **nomen fugere:** die Bezeichnung vermeiden – **4 vicinitas < vicinus** (> WBL, S. 10)

Der stoische Philosoph Chrysippos (römische Kopie eines Originals des Bildhauers Eubolides; Ende des 3.Jh.s vor Chr.) Der intensive Gesichtsausdruck ist durch einen sentimentalen Naturalismus charakterisiert, eine in der attisch-hellenistischen Bildhauerei des 3. Jh.s v. Chr. weit verbreitete Tendenz. Paris, Louvre

5.4.2.3 *Fortitudo, honestas* und *temperantia* garantieren die *ataraxía*

(Cicero, Tusculanae disp. V 41 ff.)

Volumus enim eum, qui beatus sit, tutum esse, inexpugnabilem, saeptum atque munitum, non ut parvo metu praeditus sit, sed ut nullo (metu). Ut enim innocens is dicitur, non qui leviter nocet, sed qui nihil nocet, sic sine metu is habendus est, non qui parva metuit, sed qui omnino metu vacat. … **Atque haec certe non ita se haberent, nisi omne bonum in una honestate consisteret.** Qui autem illam maxime optatam et expetitam securitatem … habere quisquam potest, cui aut adsit aut adesse possit multitudo malorum?

→

5.4.2.3 **1 inexpugnabilis:** *hier:* unerschütterlich – **2 saeptus atque munitus:** von einer festen Mauer umgeben – **praeditus:** *hier:* ausgestaltet – **6 qui:** > PhWSch 4.3.1, S. 11 – **5/6 honestas … securitas …:** < **honestus** bzw. **securus** (> WBL, S. 10)

5.4.2.3 Forts.

Qui autem poterit esse celsus et erectus et ea, quae homini accidere possunt, omnia parva ducens – qualem sapientem esse volumus – nisi **omnia sibi in se posita censebit**?

Lacedaemonii Philippo minitante per litteras se omnia, quae conarentur, prohibiturum (esse) quaesiverunt, num se esset etiam mori prohibiturus.

Vir is, quem quaerimus, non multo facilius tali animo reperietur quam civitas universa?

Quid? Ad hanc fortitudinem, de qua loquimur, temperantia adiuncta, quae sit moderatrix omnium commotionum,

quid potest ad beate vivendum deesse ei,
quem fortitudo ab aegritudine et a metu vindicet,
temperantia cum a libidine avocet,
tum insolenti alacritate gestire non sinat?

5.4.2.4 Alle Affekte schaden dem Ideal *tranquillitas/ataraxía* nur!

(Cicero, De officiis I 69 f.)

Vacandum autem est omni animi perturbatione cum cupiditate et metu, tum etiam aegritudine et voluptate nimia et iracundia, ut tranquillitas animi et securitas adsit, quae affert cum constantiam tum etiam dignitatem.

Multi autem sunt et fuerunt, qui eam, quam dico, tranquillitatem expetentes negotiis publicis se removerint ad otiumque perfugerint; in his et nobilissimi philosophi longeque principes et quidam homines severi et graves, nec populi nec principum mores ferre potuerunt vixeruntque nonnulli in agris delectati re sua familiari.

5.4.2.3 **8 qui:** > PhWSch 4.3.1, S. 11 – **celsus et erectus:** erhaben und aufgerichtet – **9 parva ducere:** gering achten – **in se positus:** > PhWSch 4.3.1, S. 11 – **11 minitari:** drohen – **15 temperantia adiuncta:** wenn noch weise Mäßigung hinzukommt – **16 moderatrix:** Beherrscherin – **commotio:** Gemütsbewegung – **9/20 cum … tum …:** > PhWSch 4.3.1, S. 11 – **libido:** Begierde – **20 insolens alacritas:** zügelloses Vergnügen – **gestire** (*mit Abl.)* sich hingeben (an etwas)

5.4.2.4 **Ü *ataraxía*:** das stoische Ideal der Seelen- und Gemütsruhe (lat. **tranquillitas**) > auch PhWSch 4.3.3, S.13 – **1 vacandum est:** man muss frei sein – **perturbatio < perturbare** (> WBL, S. 10) – **1/2 cum … tum …:** > PhWSch 4.3.1, S.11 – **iracundia:** Zorn-, Temperamentsausbruch – **3 securitas < securus** (> WBL, S. 10) – **4/5 negotia publica:** Staatsgeschäfte – **se removere** (*m. Abl.*)**:** sich zurückziehen (von) – **6 severus et gravis:** ernst zu nehmend und bedeutend

5.4.2.5 Das stoische Credo

(Seneca, epist. 41, 2 und 4–8 m. A.)

Ita dico, Lucili: **Sacer intra nos spiritus sedet, malorum bonorumque nostrorum observator et custos**; hic prout a nobis tractatus est, ita nos tractat. Bonus vere vir sine deo nemo est: an potest aliquis supra fortunam nisi ab illo adiutus exsurgere? Ille dat consilia magnifica et erecta. In unoquoque virorum bonorum
(quis deus incertum est)
habitat deus …

Si hominem videris interritum periculis, intactum cupiditatibus, inter adversa felicem, in mediis tempestatibus placidum, ex superiore loco homines videntem, ex aequo deos, non subibit te veneratio eius?

Vis isto divina descendit; **animum excellentem, moderatum, omnia tamquam minora transeuntem, quidquid timemus optamusque ridentem caelestis potentia agitat**! Non potest res tanta sine adminiculo numinis stare; itaque maiore sui parte illic est, unde descendit. …

Quis est ergo hic animus? Qui nullo bono nisi suo nitet. …

Lauda in illo, quod nec eripi potest nec dari, quod **proprium hominis** est. Quaeris, quid sit?

Animus et ratio in animo perfecta.
Rationale enim animal est homo:

Consummatur itaque bonum eius, si id implevit, cui nascitur. Quid est autem, quod ab illo ratio haec exigat? Rem facillimam:

Secundum naturam vivere.

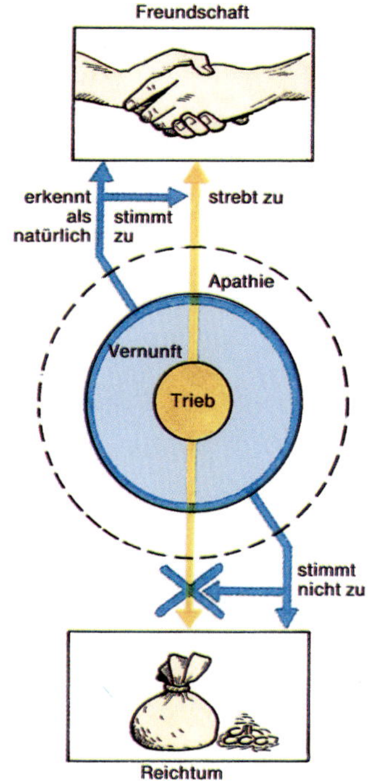

Schematische Darstellung der stoischen Ethik (nach dtv-Atlas Philosophie)

5.4.2.5 **1 intra:** innerhalb, in – **2/3 observator < observare** – **3 prout:** je nachdem wie – **5 supra fortunam exsurgere:** sich über/gegen das Schicksal erheben – **7 erectus:** erhaben, hochherzig – **10 intactus < tangere** – **adversa:** vgl. **res adversae** – **12 placidus:** ruhig, gelassen – **14 veneratio < venerari** (> WBL, S. 10) – **16 transire:** übergehen – **19 adminiculum:** Stütze, Beistand – **numen:** Gottheit, göttlicher Geist – **22 nitere:** glänzen, strahlen, hervorstechen – **27 consummari:** *hier:* sich vollenden – **28 exigere:** (ab-) fordern, zur Entwicklung bringen

5.4.2.6 B Stoisches Gedankengut wirkt auch in der Neuzeit weiter

Der englische Schriftsteller und Dichter Rudyard Kipling (1865 bis 1935), Autor von ‚Kim' und ‚Dschungelbuch', hat seine eigene stoisch beeinflusste Grundhaltung in Gedichtform gebracht und damit einen Beleg für das Weiterwirken des stoischen Gedankenguts in der Moderne geschaffen.

Rudyard Kipling,
* in Bombay, † in London

IF … by Rudyard Kipling

If you can keep your head, when all about you
are losing theirs and blaming it on you;
if you can trust yourself, when all men doubt you,
but make allowance for their doubting too;
if you can wait, and not be tired by waiting,
or being lied about, don't deal in lies,
or being hated, don't give way to hating
and yet don't look too good nor talk too wise;

if you can dream and not make dreams your master;
if you can think and not make thoughts your aim;
if you can meet with triumph and disaster,
and treat those two imposters just the same;
if you can bear, to hear the truth you've spoken,
twisted by knaves to make a trap for fools
or watch the things, you gave your life to, broken,
and stoop and build 'em up with worn-out tools;

if you can make one heap of all your winnings
and risk them on one turn of „Pitch and toss"
and loose and start again at your beginnings
and never breathe a word about your loss;
if you can force your heart and nerve and sinew,
to serve your turn long after they are gone,
and so hold on, when there is nothing in you
except the will, which says to them: Hold on!

If you can talk with crowds, and keep your virtue,
or walk with kings, nor lose the common touch;
if neither foes nor loving friends can hurt you;
if all men count with you, but none too much;
if you can fill the unforgiving minute
with sixty seconds worth of distance-run:
Yours is the earth and everything that's in it,
and, which is more: You'll be a MAN, my son!

WENN … (von Rudyard Kipling; ins Deutsche übertragen von Kurt Benedicter)

Wenn du allein vermagst voll Mut's zu harren, wenn alle ihn verlier'n und dir die Schuld zufällt;
Wenn du dein Selbstgefühl dir kannst bewahren, wenn alle dir misstrau'n, und doch kein Hass dich quält;
Wenn du nicht müde wirst, trotz langem, langem Warten und andrer Lügen nicht mit Trotz und Lügen zahlst;
und, selbst gehasst, wirst nicht zum Hass entarten; stets gleiche Miene zeigst und Weisheit nicht zermahlst;

wenn du's verstehst, gelegentlich zu träumen, Gedankenflug zu folgen, ohne ihm zu trau'n,
im Glück und Unglück nie dich aufzubäumen, auf beider trügerischem Grunde nicht zu bau'n;
wenn du's erträgst, dass deine wahre gute Rede ein übler Schuft vor Toren Lügen straft,
dass deine Lebenssaat ein andrer niedermähte, und doch dein harter Kern sie wieder schafft;

wenn du es wagst, dein Hab und Gut zu setzen auf eine Karte, alles was du hast;
verlierst, beginnst von vorn mit Müh'n und Hetzen und sprichst kein Wort, zeigst ruhig dich gefasst;
wenn du die Muskeln, Herz und Sinne kannst bezwingen, ihr Werk zu tun, wenn's längst schon nicht mehr geht
und **wenn** du durchhältst ohne Aussicht auf Gelingen, wo nur dein Wille noch den Sinnen zuruft: Steht!

Wenn du im Sog der Masse stets dir gleich bleibst, als Freund des Königs doch dem Volke wirst gerecht;
wenn nicht als Spielball deiner Freund und Feind du hintreibst; **wenn** alle auf dich zählen und mit Recht;
wenn du's verstehst, die kostbare Minute zu füllen mit Sekunden lebenswert:
Dann, o mein Sohn, gehört nur dir die Erde, und mehr als das: du wirst als MENSCH geehrt!

5.4.2 Aufgaben zur Interpretation

5.4.2.1
1. Nennen Sie Gründe, die Cicero für die Berechtigung der These *unum bonum esse, quod honestum est* anführt! Vergleichen Sie dazu auch die Texte 3.4.2 – 3.4.4 – 4.4.1 – 4.4.6 – 5.4.2.1 – 5.4.2.2!
2. Was bezeichnet die Stoa mit dem Ausdruck *fortuita* (Z. 5)? Warum führen diese *fortuita* wie auch die *externa bona* zur *perturbatio animi* (> auch 5.4.1)? Diskutieren Sie aus ihrer Sicht die Feststellung, dass es für den *ad tuta vadenti* (Z. 6) nur den einen genannten Weg (*externa despicere et honesto esse contentum)* gibt!

5.4.2.2
3. Nennen Sie die drei Möglichkeiten für die *fines bonorum* aus der Sicht des Chrysipp!

5.4.2.3
4. Welches typisch stoische Bild vom *sapiens beatus* zeichnet Cicero in diesem Text? Diskutieren Sie die genannten Voraussetzungen!

5.4.2.5
5. Wie beschreibt Seneca den „göttlichen Geist" in T 5.4.2.5? Nennen Sie die Charaktermerkmale des Menschen, den er erfasst (Z. 10–18) ?
6. Inwiefern sind die (in Z. 23–29) beschriebenen Auswirkungen zugleich Kennzeichen für den stoischen Philosophen und *proprium hominis*? Nennen Sie die diesbezüglichen Formulierungen!
7. Belegen Sie Senecas Behauptung, dass ***ratio perfecta*** und ***virtus*** sich entsprechen, dass *ratio* das *suum bonum* des Menschen ist?
8. Arbeiten Sie vergleichend Parallelen / Unterschiede in den ethischen Auffassungen von Akademie, Peripatos und Stoa heraus!

5.4.2.6 B
9. Vergleichen Sie den Gehalt des Kipling-Gedichts mit den Aussagen von T 5.4.2.5! Welche Übereinstimmungen erkennen Sie?

5.5 Die Staatsphilosophie der Stoa

5.5.1 Homo animal sociale

(Cicero, De finibus III 62–64 und 67–68 m. A.)

Ut perspicuum est natura nos a dolore abhorrere, sic apparet a natura ipsa (nos), ut eos, quos genuerimus, amemus, impelli.

Ex hoc nascitur, ut etiam communis hominum inter homines naturalis sit commendatio**, ut oporteat** hominem ab homine ob id ipsum, quod homo sit, non alienum videri …

Itaque natura sumus apti ad coetus, concilia, civitates.

Mundum autem censent regi numine deorum eumque esse quasi communem urbem et civitatem hominum et deorum et unumquemque nostrum eius mundi esse partem; ex quo illud **natura consequi, ut communem utilitatem nostrae anteponamus**.

Ut enim **leges omnium salutem singulorum saluti anteponunt,**
sic vir bonus et sapiens et legibus parens et civilis officii non ignarus utilitati omnium plus quam unius alicuius aut suae consulit.

Nec magis est vituperandus proditor patriae quam communis utilitatis aut salutis desertor propter suam utilitatem aut salutem …

Quoniamque ea natura esset hominis, ut ei cum genere humano quasi civile ius intercederet, (Chrysippus dicit)

qui id conservaret, eum <u>iustum,</u>
qui (autem) migraret, <u>iniustum</u> fore …

Cum autem ad tuendos conservandosque homines hominem natum esse videamus, consentaneum est huic naturae, ut sapiens velit gerere et administrare rem publicam. …

5.5.1 **ÜS: animal sociale:** > PhWSch 4.3.5, S. 14 – **1 perspicuus:** > PhWSch 4.3.1, S. 11 – Ⓚ Ordnen Sie: **a natura nos impelli, ut eos amemus, quos genuerimus – 3/4 communis … hominum inter homines naturalis … commendatio:** (es gibt) ein natürliches Gefühl zwischenmenschlicher Vertrautheit – **3 nasci:** *hier:* sich ergeben – **4 oportet:** *hier:* es ist angebracht; es gehört sich – **6 coetus … concilia … civitates:** > PhWSch 4.3.5, S. 14 – **9 natura consequitur:** es ergibt sich natürlicherweise – **communis utilitas:** > PhWSch 4.3.5, S. 14 – **12 civile officium:** > PhWSch 4.3.5, S. 14 – **13 unus aliquis:** irgendein einzelner – **14 proditor < prodere** (> WBL, S. 10) **– 15 salutis desertor:** einer der das Wohlergehen der Allgemeinheit im Stich lässt **– 16/17 civile ius intercedit cum alqo:** es besteht ein politisches Rechtsverhältnis mit jmd. – **19 migrare:** *hier:* übertreten, darüber hinwegehen – **21 consentaneus** (*m. Dat.*)**:** > PhWSch 4.3.1, S. 11 – **natura:** > PhWSch 4.3.2, S. 12

5.5.1 Aufgaben zur Interpretation

Cicero, Marmorbüste (Rom, Kapit. Museum)

1. Welches von der Natur angeborene menschliche Gefühl spricht Cicero im ersten Abschnitt des Texts 5.5.1 an? Inwiefern ist es Grundlage für die Bildung von Gemeinschaften? Stellen Sie die diesbezügliche Formulierung des Aristoteles (> T 4.5.1, S. 74) dem vorliegenden Text gegenüber und vergleichen Sie!
2. Welchen Vergleich zwischen *commune* und *mundus* stellt der Text 5.5.1 an (Z. 7 ff.)? Klären Sie den auch bei anderen Philosophenschulen (> T 6.5.1) vorkommenden Begriff *communis utilitas* ab!
3. Inwiefern muss diese *communitas* zwangsläufig auch einen Grundbestandteil der Gesetzgebung darstellen?
4. Wie überträgt Cicero den Vorzug des Gemeinwohls vor Einzelinteressen (Z. 11–15) von den Gesetzen auf das Denken des klugen und pflichtbewussten Einzelmenschen und auf die menschliche Qualität ‚Gerechtigkeit' (Z. 16 ff.)?
5. Welche Pflicht erwächst daraus fast zwangsläufig für den weisen Menschen?

Antiker Garten
nach einer
Wandmalerei
in Pompeji

6 Epikur und die „Gartenphilosophen“

Epikur (341–270 v. Chr.) aus Samos, der Begründer der **epikureischen Schule** wandte sich schon in früher Jugend der Philosophie zu. 327–324 studierte er in Teos bei dem Demokriteer Nausiphanes und erhielt dabei Kenntnis der Atomistik und der Lustlehre Demokrits. Zusammen mit dem Komödiendichter Menander leistete er als Ephebe (d. h. als junger Mann vom 15. bis zum 18. Lebensjahr) in Athen Militärdienst. Nach dieser Zeit bildete er in Mytilene seine eigene Philosophie aus.
Später verlegte er seine Schule nach Athen und entwickelte in einem von ihm erworbenen **Gartengrundstück *(képos)*** seine von Akademie und Peripatos abweichende Philosophie weiter.
Epikur will den Menschen von der durch Begierden und Leidenschaften verursachten körperlichen Not, von der Angst vor Schmerz und Tod und von der abergläubischen Furcht vor strafenden Göttern und Hadesqualen befreien. Ziel seiner Philosophie ist **das Glück seelischer Ruhe, Ausgeglichenheit** (lat.: tranquillitas; grie.: *ataraxia)* **und Freude** *(hedoné),* nicht aber das grenzenlose Ausleben der Lust, wie er gelegentlich missdeutet wird. In der Naturphilosophie führt Epikur wie Demokrit die Erscheinungen auf Atome und den leeren Raum als ontologische Prinzipien zurück.

6.1 Grundzüge epikureischer Philosophie

6.1.1 Der Hauptbeweis der Epikureer für den Vorrang der *voluptas*

(Cicero, De finibus I 40)

Extremum autem **esse bonorum voluptatem** ex hoc facillime perspici potest: Constituamus aliquem magnis, multis, perpetuis fruentem et animo et corpore voluptatibus nullo dolore nec impediente nec impendente: Quem tandem (statum) hoc statu praestabiliorem aut magis expetendum possimus dicere?

---

1 extremum bonum: > PhWSch 4.3.4, S. 13 – **2 constituamus:** > PhWSch 4.3.1, S. 11 – Ⓚ Ordnen Sie: **constituamus aliquem magnis, multis, perpetuis voluptatibus fruentem** (Akkusativ mit Partizip wie A.c.I.; eine griech. Konstruktion) – **animo / corpore:** Ablative der Beziehung – **4 status:** Zustand – **praestabilis = praestans** (vorzüglich)

6.1.2 Es geht nur mit der *voluptas* … (Cicero, Libri Academici I 7)

Magnum est efficere, ut quis intellegat, quid sit illud verum et simplex bonum, quod non possit ab honestate seiungi.
Quod bonum, quale sit, **omnino negat Epicurus se sine voluptatibus sensum moventibus ne suspicari quidem.**

Den folgenden Text zu Epikur kennen Sie schon aus der ‚Propädeutik'

6.1.3 … aber nicht ohne *sapientia* und *honestas* … (Cicero, De finibus I 57)

Clamat Epicurus, is quem vos nimis voluptatibus esse deditum dicitis, **non posse iucunde vivi, nisi sapienter, honeste iusteque vivatur, nec sapienter, honeste, iuste, nisi iucunde.**

6.1.4 Nur zwei Arbeitsbereiche der Philosophie? (Seneca, epist. 89, 11)

Epicurei **duas partes philosophiae** putaverunt esse,
naturalem atque **moralem;**
rationalem removerunt.
Deinde, cum ipsis rebus cogerentur ambigua secernere, falsa sub specie veri latentia coarguere, ipsi quoque locum, quem
de iudicio et regula
appellant (alio nomine rationalem), induxerunt, sed eum accessionem esse naturalis partis existimant.

6.1.5 B Boethius zu Epikur (Consolatio philosophiae, III 2. p., 24 ff. m. A.)

Plurimi vero boni fructum gaudio laetitiaque metiuntur. Hi felicissimum putant voluptate diffluere. Habes igitur ante oculos propositam (hanc) fere formam felicitatis humanae: opes, honores, potentiam, gloriam, voluptates. Quae quidem sola considerans Epicurus consequenter sibi summum bonum voluptatem esse constituit. Non est aliud, quod aeque perficere beatitudinem possit quam copiosus bonorum omnium status nec alieni indigens, sed sibi ipse sufficiens. Nam non esse anxiam tristemque beatitudinem nec doloribus molestiisque subiectam, quid attinet dicere, quando in minimis quoque rebus id appetitur, quod habere fruique delectet. Bonum est igitur, quod tam diversis studiis homines petunt. In quo quanta sit naturae vis, facile monstratur, cum, licet variae dissidentesque sententiae (sint), tamen in diligendo boni fine consentiunt.

6.1.2 **2 honestas < honestus** (> WBL, S. 10) – **3/4** Ⓚ Ordnen Sie: **Epicurus negat … se sine voluptatibus … suspicari, quale id bonum sit**

6.1.4 **3 rationalis pars:** > PhWSch 4.3.3, S. 13 – **removere:** entfernen, streichen – **4 ipsis rebus:** durch die Sachlage selbst – **ambigua secernere:** Unklarheiten beseitigen – **5 coarguere:** *hier:* als irrtümlich erweisen – **locus:** *hier:* Kapitel – **6 iudicium et regula:** Richtschnur des Urteilens – **7 accessio:** Zusatz – **8 naturalis pars:** > PhWSch 4.3.2, S. 12

6.1.5 **1 metiri:** bemessen – **1/2 voluptate diffluere:** vor Lust zerfließen – **3/4 consequenter:** Vgl. Sie das dt.Wort! – **5 beatitudo:** < beatus – **copiosus status:** *hier:* ein Zustand reichlicher Fülle – **7 quid attinet dicere:** was brauche ich zu betonen – **9 dissidentes:** widersprechend – Ⓚ **in diligendo fine (boni)**

6.2 Zur Theologie und Naturphilosophie der Epikureer

6.2.1 Ein Lob von Cicero für Epikur!

(Cicero, De natura deorum I 43)

Ea qui consideret, quam inconsulte ac temere (a poetis) dicantur, venerari Epicurum et in eorum ipsorum numero, de quibus haec quaestio (*De natura deorum*) est, habere debeat. Solus enim vidit primum esse deos, quod in omnium animis eorum notionem impressisset ipsa natura. Quae est enim gens aut quod genus hominum, quod non habeat sine doctrina anticipationem quandam deorum.

6.2.2 E Götter und Tod

(Epikur, Brief an Menoikeus, 123/124 – Übers. Hans-Wolfgang Krautz)

123. Zu allererst: Wenn Du die Gottheit für ein unvergängliches und glückseliges Wesen hältst, wie die allgemeine Anschauung der Gottheit vorgeprägt wurde, dann hänge ihr nichts an, was ihrer Unvergänglichkeit fremd oder mit ihrer Glückseligkeit unvereinbar ist.
Vermute dagegen alles über sie, was ihre mit Unvergänglichkeit verbundene Glückseligkeit unversehrt zu bewahren vermag.
Denn Götter gibt es tatsächlich: unmittelbar einleuchtend ist deren Erkenntnis. Wofür sie jedoch die Masse hält, so geartet sind sie nicht. Denn sie bewahrt dabei gerade das nicht unversehrt, wofür sie sie (die Götter) eigentlich hält.
Ehrfurchtslos aber ist nicht der, der die Götter der Masse abschafft, sondern der, der die Vermutungen der Masse den Göttern anhängt.

124. Gewöhne dich ferner daran zu glauben, der Tod sei nichts, was uns betrifft. Denn alles Gute und Schlimme ist nur in der Empfindung gegeben; der Tod aber ist die Vernichtung der Empfindung. Daher macht die richtige Erkenntnis – der Tod sei nichts, was uns betrifft – die Sterblichkeit des Lebens erst genussfähig.

6.2.3 E Epikur neigt der Atomlehre Demokrits zu

(Epikur, Brief an Herodot 43 bzw. 54 m.A. – Übers. Hans-Wolfgang Krautz)

Es bewegen sich die Atome stetig die Ewigkeit hindurch und zwar die einen in senkrechter Bahn, andere im seitlichen Wegdriften, andere in Vibration. Die Atome, so muss man annehmen, beanspruchen keine Qualität der wahrgenommenen Körper für sich außer Gestalt, Schwere, Größe und all dem, was aus Notwendigkeit mit „Gestalt“ gesetzmäßig verbunden ist. Denn jede Qualität wandelt sich; die Atome aber wandeln sich nicht, insofern als etwas beharren muss in der Auflösung der Verbindungen, etwas Hartes und Unauflösliches.

6.2.1 **1 ea:** die Darstellung der Götter in der Dichtung – **inconsulte ac temere:** unüberlegt und leichtfertig – **2 quaestio:** > PhWSch 4.3.3, S. 13 – **4 notionem imprimere:** eine Vorstellung einprägen – **5 anticipatio:** schon vorhandene (vorweggenommene) Vorstellung

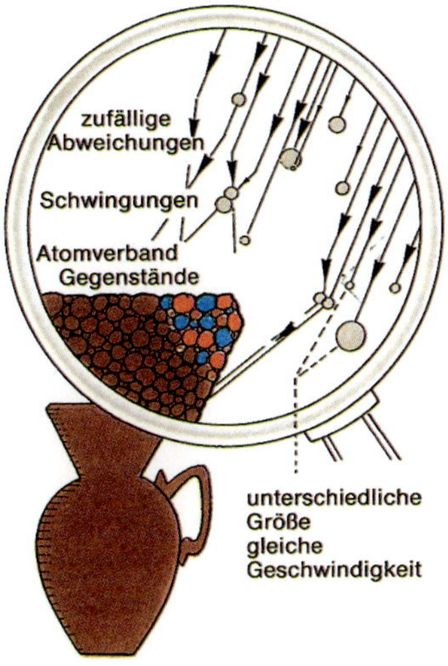

Schematische Darstellung zu Demokrits Atomlehre
(nach dtv-Atlas Philosophie)

6.2.4 Das Wichtigste fehlt bei Epikur!

(Cicero, De finibus I 18–19)

Epicurus autem, in quibus sequitur Democritum, non fere labitur, quamquam utrusque cum multa non probo, tum illud imprimis, quod, cum in rerum natura duo quaerenda sint, –

unum, quae materia sit, ex qua quaeque res efficiatur,
alterum, quae vis sit, quae quidque efficiat, –

de materia disseruerunt, vim et causam efficiendi reliquerunt. Sed hoc commune vitium; illae Epicuri propriae ruinae:
Censet enim (Epicurus) eadem illa individua et solida corpora ferri deorsum suo pondere ad lineam, hunc naturalem esse omnium corporum motum.
Deinde ibidem homo acutus (intellexit): cum illud occurreret, si omnia deorsus e regione ferrentur et, ut dixi, ad lineam, numquam fore, ut atomus altera alteram posset attingere. Itaque attulit rem commenticiam: declinare dixit atomum perpaulum, quo nihil posset fieri minus; ita effici complexiones et copulationes et adhaesiones atomorum inter se, ex quo efficeretur mundus omnesque partes mundi quaeque in eo essent.

6.2.4 **1 sequi:** > PhWSch 4.3.1, S. 11 – **non fere:** kaum – **labi:** *hier:* in die Irre gehen – **utroque:** beide (Epikur und Demokrit) – **2 cum … tum …** > PhWSch 4.3.1, S. 11 – **rerum natura:** > PhW Sch 4.3.2, S. 12 – **4–5 materia … vis efficiens …:** > PhWSch 4.3.2, S. 12 (> T 3.2.1, S. 38) – **6 relinquere:** *hier:* unbeachtet lassen – **6 commune vitium:** ein beiden gemeinsamer Fehler – **7 propriae ruinae:** eigener katastrophaler Fehler – **8 individuus** > PhWSch 4.3.2, S.12 – **solidus:** massiv – **deorsum/deorsus** (Z. 10): abwärts, nach unten – **9 ad lineam:** *hier:* senkrecht – **10 ibidem:** an dieser Stelle – **acutus:** > PhWSch 4.3.1, S. 11 – **11 atomus** > PhWSch 4.3.2, S. 12 – **12 afferre rem commenticiam:** eine Tricklösung ersinnen – **declinare:** abweichen – **13 quo nihil posset fieri minus:** im geringstmöglichen Ausmaß – **14/15 complexiones … copulationes … adhaesiones:** Verflechtungen … Verbindungen … Verhängungen

Der so genannte ‚lachende Demokrit'
Bronzebüste
Neapel Nationalmuseum

6.1.2–6.2.4 Aufgaben zur Interpretation

6.1.1 1. Mit welchem nur sehr schwer widerlegbaren Vergleich versuchen die Epikureer in diesem Text den Vorrang der *voluptas* zu belegen?

6.1.2 2. Womit begründet Epikur in T 6.1.2 die Unabdingbarkeit der *voluptas?*

6.1.3 3. Welche klaren Abgrenzungen seiner Philosophie gegen schrankenlose *voluptas* vollzieht Epikur in diesem Cicero-Text gegen seine Kritiker?

4. Begründen Sie die Wortstellung bei *extremum autem esse bonorum voluptatem* (6.1.1, Z. 1) und den Parallelismus in 6.1.3 (Z. 2–3)! – Wie heißt die in 6.1.1, Z. 2 (*magnis, multis perpetuis … voluptatibus*) und 6.1.3, Z. 2–3 (*sapienter, honeste, iuste)* angewandte Redefigur? – Begründen Sie die Verwendung des Konjunktivs in 6.2.1 bei *consideret (Z. 1) – dicantur (Z. 1) – debeat (Z. 3)*!

6.1.4 5. Welchen der drei Teilbereiche der Philosophie streichen die Epikureer? Nennen Sie die Gründe, die deshalb zwangsläufig zu „Nachbesserungen" führen! Diskutieren Sie über deren logische Ordnung!

6.1.5 6. An welchen Stellen des Boethius-Texts kann man eindeutig Nachwirkungen der klassischen Philosophie nachweisen?

6.2.2 E 7. Umreißen Sie kurz die aus T 6.2.2 E erkennbare Einstellung Epikurs zur Religion, zu den Göttern und zum Tod!

6.2.3 E 8. Beurteilen Sie aus der Sicht unserer Zeit und im Kontakt mit dem Phyiklehrer kritisch die Atomvorstellungen Epikurs in T 6.2.3 E (Beziehen Sie die schematische Darstellung auf S. 95 dabei ein)!

6.2.4 9. Äußern Sie sich unter Einbeziehung der Begriffe *materia – vis – causa* zu Ciceros Kritik und vergleichen Sie dazu den Text 3.2.1 (S. 38)!

10. Nennen Sie die unklaren und willkürlichen Fiktionen die Cicero an Epikurs Atom-Vorstellungen kritisiert (Z. 8–13)!

6.3 Logik und Erkenntnistheorie

6.3.1 Ciceros Kritik an Epikurs Logik / Dialektik (Cicero, De finibus I 22)

Iam in altera philosophiae **parte**, quae est **quaerendi ac disserendi**, quae ***logiké*** dicitur, iste vester (= Epicurus) plane, ut mihi quidem videtur, inermis ac nudus est:

- Tollit definitiones; nihil de dividendo ac partiendo docet;
- non, quomodo efficiatur concludaturque ratio, tradit;
- non, qua via captiosa solvantur, ambigua distinguantur, ostendit;
- iudicia rerum in sensibus ponit.

Quibus (= sensibus) si semel aliquid falsi pro vero probatum sit, sublatum esse omne iudicium veri et falsi putat.

6.3.2 Im Widerspruch zu Akademie und Peripatos setzt Epikur auf die Erkenntnisfähigkeit der *sensus* … (Cicero, Libri Academici II 19)

Ordiamur igitur a sensibus, quorum ita clara iudicia et certa sunt, ut, si optio naturae nostrae detur et ab ea deus aliqui quaerat, contentane sit suis integris incorruptisque sensibus an postulet melius aliquid, non videam, quid quaerat amplius …

Epicurus hoc viderit et alia multa. Meo autem iudicio ita est maxima in sensibus veritas, si et sani sunt ac valentes et omnia removentur, quae obstant et impediunt.

Itaque et lumen mutare saepe volumus et situs earum rerum, quas intuemur et intervalla aut contrahimus aut diducimus multaque facimus usque eo, dum aspectus ipse fidem faciat sui iudicii.

6.3.1 **1 pars quaerendi ac disserendi** > PhWSch 4.3.3, S. 12/13 – ***logiké*** *(téchne) (griech.)*: Logik – **2 plane inermis ac nudus:** völlig unbeschlagen – **3 definitiones … dividere … partiri** > PhWSch 4.3.3, S. 12/13 – **4 efficere … concludere rationem:** > PhWSch 4.3.3, S. 12/13 – **5 captiosa solvere … ambigua distinguere:** Trugschlüsse auflösen … Vieldeutiges unterscheiden – **6 iudicia rerum:** die Beurteilung der Vorgänge – **ponere in:** > PhWSch 4.3.1, S. 11 – **7 probatum:** billigen, für richtig erkennen

6.3.2 **1** Ⓚ Ordnen Sie: **iudicia ita … certa sunt, ut non videam, quid quaerat amplius, si optio detur et si deus quaerat – optio:** Wahlmöglichkeit, freie Wahl – **2/3 ne … an …:** ob … oder … – **incorruptus:** unverdorben – **5 viderit:** er mag … so gesehen haben – **6 removere:** entfernen – **obstare:** im Wege stehen, behindern – **8 situs:** Lage – **intueri:** betrachten – **9 intervalla:** Abstände, Entfernungen – **diducere:** auseinanderziehen, vergrößern – **10 aspectus:** Betrachtungsweise – **sui iudicii fidem facere:** das eigene Urteil bestätigen

6.3.3 … denn alle Vorstellungen kommen nach Epikurs Meinung von da her, weil das unserer natürlichen Veranlagung entspricht

(Cicero, De finibus I 63–64)

Nisi autem rerum natura perspecta erit, nullo modo poterimus sensuum iudicia defendere. Quicquid porro animo cernimus, id omne oritur a sensibus; qui si omnes veri sunt, ut Epicuri ratio docet, tum denique poterit aliquid cognosci et percipi. Quos (sensus) qui tollunt et nihil posse percipi dicunt, ii remotis sensibus ne id ipsum expedire possunt, quod disserunt. Praeterea sublata cognitione et scientia tollitur omnis ratio et vitae degendae et rerum gerendarum.

6.3.4 Andere denken anderst

(Cicero, Libri Academici II 142)

Aliud iudicium Protagorae est, qui putet id cuique verum esse, quod cuique videatur … aliud Epicuri, qui omne iudicium in sensibus et in rerum notitiis et in voluptate constituit; Plato autem omne iudicium veritatis veritatemque ipsam abductam ab opinionibus et a sensibus cogitationis ipsius et mentis esse voluit.

(Kommentierende Darstellung nach Eckstein, Kap. 214 – S. 119)

6.3.5 K 1 Die Erkenntnis beruht für Epikur auf der Wahrnehmung, deren es drei Arten gibt:

- **Die körperliche Wahrnehmung** (griech. ***aísthesis***), die durch die fünf Sinne ihre Funktion ausübt.
- **Die „innere" Wahrnehmung** (griech. ***diánoia***), welche durch Atome vor sich geht: Von der Oberfläche der Körper lösen sich unaufhörlich dünne Atomschichten ab, Bilder (*eídola*), welche die Form der Körper bewahren; sie bewegen sich in einem ständigen Fluss zu den Sinnesorganen hin und wirken auf sie ein.
- **Die Empfindungen oder Gefühle** (griech. ***páthe*):** Jedes Wahrnehmen ist ein *páthos* (etwas, durch das ich affiziert / betroffen werde). Der Wahrnehmung entspricht immer ein wirklich wahrgenommenes Objekt, ein *alethés* (ein Wahres, Nichtverborgenes).

So kommt Erkenntnis nur auf dem Weg über die Sinneswahrnehmung zustande **(Sensualismus).**

Das Denken überbrückt nur Schwierigkeiten, z. B. wenn die Gegenstände für die Sinneswahrnehmung zu klein sind (z. B. die Atome) oder die Entfernung zwischen dem Wahrnehmenden und dem Wahrgenommenen zu groß ist (z. B. die Götter). Hier überbrückt das Denken die Schwierigkeit, indem es durch Analogieschlüsse die Lücke ausfüllt. Für die Atome führt Epikur die Staubteilchen an, die in der Sonne sichtbar werden, von denen man dann auf die Wesenheit der Atome schließt.

6.3.3 **1 rerum natura:** > PhWSch 4.3.2, S. 12 – **2 porro:** weiterhin, ferner – **3 ratio:** *hier:* Auffassung – **4 remotis sensibus:** nach Ausschaltung der Sinne – **5 expedire:** *hier:* entwickeln, darlegen – **disserere:** > PhWSch 4.3.3, S. 12 – **6 vita degenda:** Lebensführung – **res gerendae:** *hier:* das Handeln

6.3.4 **2 notitiae:** > PhWSch 4.3.3, S. 13 – **4 abductus (a):** entzogen (*m. Dat.)* – **cogitatio:** > PhWSch 4.3.1, S. 11

Die mechanische Erkenntnislehre Demokrits von den Bilderchen hat Epikur übernommmen (nach dtv-Atlas Philosophie S. 32)

K 2 dtv-Lexikon Philosophie (S. 59): „Wahr ist (nach Epikur) nur das wirklich Geschaute oder auf Grund von Beobachtung mit dem Denken Ergriffene."

6.3.1–6.3.5 Aufgaben zur Interpretation

6.3.1

1. Wiederholen oder, falls noch nicht gelesen, übersetzen Sie T 6.1.4 zu den allgemeinen Aussagen zur epikureischen Sicht der *pars rationalis*!
2. Nennen Sie alle Mängel Epikurs, die Cicero in Text 6.3.1 hinsichtlich einer sauberen Logik und Dialektik beklagt und bewerten Sie die Aussagen!

6.3.2

3. Wie wird in T 6.3.2 das Vertrauen auf die Sinne und deren Urteilsfähigkeit im einzelnen gerechtfertigt? Welche Voraussetzungen sind allerdings erforderlich, um den Sinnen so weit vertrauen zu können?

6.3.3

4. Dieser Text setzt die Begründung für das besondere Vertrauen auf die Sinne fort. Inwiefern verknüpft er aber die sinnliche Wahrnehmung mit der geistigen?

6.3.4

5. Warum hat für Epikur ein solides Wissen über die natürliche Ordnung der Dinge so enorme Bedeutung für das Denken der Menschen? Wie sieht er das Verhältnis zwischen *ratio* und *sensus*? Inwieweit bewertet er die Sinneswahrnehmungen höher als die anderen philosophischen Richtungen?

6.3.5 K

6. Diskutieren Sie die verschiedenen Aussagen zur sinnlichen und geistigen Wahrnehmung unter Einbeziehung von T 6.3.5 K1/K2 und der Abbildung oben!
7. Wie müssen wir Epikurs Vorstellungen nach dem heutigen Stand der Forschung bewerten? Gehen Sie dabei noch einmal auf das kritische Urteil Ciceros in T 6.3.1, Z. 3–5, ein!

Epikur, Kopie einer Bronzebüste um 50 v. Chr. (Neapel, Nationalmuseum)

6.4 Die ethischen Vorstellungen Epikurs

6.4.1 Das *summum bonum* Epikurs

(Cicero, De finibus I 29/30)

Quaerimus igitur, **quid sit extremum et ultimum bonorum**, quod omnium philosophorum sententia tale debet esse, ut ad id omnia referri oporteat, ipsum autem nusquam. Hoc Epicurus **in voluptate** ponit, quod summum bonum esse vult, summumque malum dolorem, idque instituit docere sic: Omne animal, simulatque natum sit,

- **voluptatem appetere** eaque gaudere ut summo bono,
- **dolorem aspernari** ut summum malum **et**, quantum possit, **a se repellere**,

idque facere nondum depravatum ipsa natura incorrupte atque integre iudicante.

Itaque **negat opus esse ratione neque disputatione,**
quam ob rem voluptas expetenda, fugiendus dolor sit:
sentiri haec putat ...

Statue eines kynischen Philosophen (New York. Metropolitan Museum)

Etenim, quoniam detractis de homine sensibus reliqui nihil est, quo iudicare possimus sensibusque ipsos a natura datos esse constat, necesse est,
quid aut ad naturam aut contra sit, a natura ipsa iudicari.
Ea quid percipit aut quid iudicat, quo aut petat aut fugiat aliquid, praeter voluptatem et dolorem?

6.4.2 Beweise der Epikureer für ihre These

6.4.2.1 Jeder mag die *voluptas* ...

(Cicero, De finibus I 32)

Sed ut perspiciatis, unde omnis iste natus error sit voluptatem accusantium doloremque laudantium, totam rem aperiam eaque ipsa, quae ab illo inventore veritatis et quasi architecto beatae vitae dicta sunt, explicabo:

→

6.4.1 **1 extremum/ultimum bonum:** > PhWSch 4.3.4, S. 13 – **4 referre ad:** > PhWSch 4.3.1, S. 11 – **5 ponere in:** > PhWSch 4.3.1, S. 11 – **13 depravare:** sich schlecht entwickeln, verderben – **14 incorrupte:** unverdorben – **15 disputatio < disputare:** (> WBL, S. 10) – **20 etenim:** außerdem – **23 quid percipit aut iudicat:** was erfasst oder beurteilt sie – **quo:** *hier:* im Hinblick auf das, wonach ...

6.4.2.1 **2 inventor < invenire** (> WBL S. 10) – **3 architectus:** vgl. Sie das dt.Wort

6.4.2.1 Forts. Nemo enim ipsam voluptatem, quia voluptas sit, aspernatur aut odit aut fugit, sed quia consequuntur magni dolores eos, qui ratione voluptatem sequi nesciunt; neque porro quisquam est, qui dolorem ipsum, quia dolor sit, amet, consectetur, adipisci velit, sed quia nonnumquam eiusmodi tempora incidunt, ut dolore et labore magnam aliquam quaerat voluptatem.

6.4.2.2 … aber keiner den Schmerz (Cicero, De finibus I 41)

Quodsi vita doloribus referta maxime fugienda est, **summum profecto malum est vivere cum dolore,** cui sententiae consentaneum est **ultimum esse bonorum cum voluptate vivere** …
Omnes et metus et aegritudines ad dolorem referuntur.

6.4.2.3 Es muss also die *voluptas* sein! (Cicero, De finibus I 42)

Praeterea appetendi et refugiendi et omnino rerum gerendarum initia **proficiscuntur aut a voluptate aut a dolore**.
Quod cum ita sit, perspicuum est **omnes rectas res atque laudabiles eo referri, ut cum voluptate vivatur.** Quoniam autem id est vel summum bonum vel ultimum vel extremum – quod Graeci *télos* vocant –, quod ipsum nullam ad aliam rem, ad id autem res referuntur omnes, **fatendum est summum esse bonum iucunde vivere.** Istae enim vestrae eximiae pulchraeque virtutes, nisi voluptatem efficerent, quis eas aut laudabiles aut expetendas arbitraretur?

6.4.3 B Eine moderne Form des Utilitarismus / Hedonismus!

Der Engländer Jeremy Bentham (1748–1832) gilt ebenso wie der weniger radikale John Stuart Mill (1806–1873) als einer der Begründer und Hauptvertreter des sogenannten Utilitarismus der Neuzeit, der eine sehr enge Bindung zum Hedonismus Epikurs hat, wie aus den beiden Texten 6.4.3. B und 6.4.5 B deutlich wird. Die Bezeichnung *Utilitarismus* wird in ‚Ethik Aktuell' von Peters / Rolf (S. 71) wie folgt definiert: „Als Utilitarismus bezeichnet man das Nützlichkeitsstreben (lat.: utilitas = Nützlichkeit). Unter Nutzen verstehen die meisten Vertreter des Utilitarismus das, was das Vergnügen oder die Glückseligkeit des Menschen fördert."

→

6.4.2.1 **5 ratione voluptatem sequi:** dem Genuss/Vergnügen mit Verstand nachgehen – **6 porro:** ferner – **consectari:** *hier:* suchen, nachjagen

6.4.2.2 **1 refertus** (von **refercire):** voll von – **2 consentaneus:** > PhWSch 4.3.1, S.11 – **4 referre aliquo:** > PhWSch 4.3.1, S.11

6.4.2.3 **1 reg gerendae:** *hier:* Handlungsweise – **proficisci a:** *hier:* sich entwickeln (aus) – **3 perspicuum est:** > PhWSch 4.3.1, S. 11 – **referre aliquo / ad:** > PhWSch 4.3.1, S. 11 – **5** *griech.* **télos:** Ziel

6.4.3 B Forts.

„Die Natur hat die Menschheit unter die Herrschaft zweier souveräner Gebieter – **Leid und Freude** – gestellt. **Es ist an ihnen allein aufzuzeigen, was wir tun sollen, wie auch zu bestimmen, was wir tun werden**. Sowohl der Maßstab für *Richtig* und *Falsch* als auch die Kette der Ursachen und Wirkungen sind an ihrem Thron festgemacht. Sie beherrschen uns in allem, was wir tun, was wir sagen, was wir denken: Jegliche Anstrengung, die wir auf uns nehmen können, um unser Joch von uns zu schütteln, wird lediglich dazu dienen, es zu beweisen und zu bestätigen. Jemand mag zwar mit Worten vorgeben, ihre Herrschaft zu leugnen, aber in Wirklichkeit wird er ihnen ständig unterworfen bleiben.

Jeremy Bentham

Unter Nützlichkeit ist jene Eigenschaft an einem Objekt zu verstehen, durch die es neigt, Gewinn, Vorteil, Freude, Gutes oder Glück hervorzubringen … oder die Gruppe, deren Interesse erwogen wird, vor Unheil, Leid, Bösem oder Unglück zu bewahren: sofern es sich bei dieser Gruppe um die Gemeinschaft im allgemeinen handelt, geht es um das Glück der Gemeinschaft; sofern es sich um ein bestimmtes Individuum handelt, geht es um das Glück dieses Individuums.

Man kann also von einer Handlung sagen, sie entspreche … der Nützlichkeit, wenn die ihr innewohnende Tendenz, das Glück der Gemeinschaft zu vermehren, größer ist als irgendeine andere ihr innewohnende Tendenz, es zu vermindern.“

Bentham macht dann die *Tendenz* (das entspricht hier dem *Wert*) einer Handlung davon abhängig, dass sie „erkennbare Freude hervorbringt“, bzw. den Unwert davon, dass sie „erkennbares Leid hervorbringt“.

6.4.4 Auch die *sapientia* stellt Epikur in den Dienst seiner Lehre, die zur *ataraxía* führen soll

(Cicero, De finibus I 46)

Quod si vitam omnem perturbari videmus errore et inscientia sapientiamque esse solam, quae nos a libidinum impetu et a formidinum terrore vindicet et ipsius fortunae modice ferre doceat iniurias et omnes monstret **vias**, quae ad **quietem et ad tranquillitatem** ferant, quid est, cur dubitemus dicere et sapientiam propter voluptates expetendam et insipientiam propter molestias esse fugiendam?

6.4.4 **2 libidines:** Begierden – **formidinum terror:** Schrecknisse der Angst – **vindicare:** befreien – **3 modice:** *hier:* gelassen, ruhig – **4 tranquillitas (*ataraxía*):** > 4.3.4, S. 13 – **5 insipientia** < **sapientia**

6.4.5 B John St. Mill: Der Utilitarismus

John Stuart Mill,
Ölgemälde von George Watts

Die Auffassung, für die Nützlichkeit oder das Prinzip des größten Glücks die Grundlage der Moral ist, besagt, dass Handlungen insoweit und in dem Maß richtig sind, als sie die Tendenz haben, Glück zu befördern, und in soweit moralisch falsch, als sie die Tendenz haben, das Gegenteil von Glück zu bewirken. Unter „Glück" ist dabei Lust (pleasure) und das Freisein von Unlust (pain), unter „Unglück" Unlust und das Fehlen von Lust verstanden.

Eine solche Lebenssauffassung stößt bei vielen Menschen, darunter manchen, deren Fühlen und Trachten in höchstem Maße achtenswert ist, auf eingewurzelte Abneigung. Der Gedanke, dass das Leben keinen höheren Zweck habe als die Lust, erscheint ihnen äußerst niedrig.

6.4.1–6.4.4 Aufgaben zur Interpretation

6.4.1

1. Welche grundsätzliche Definition des *ultimum (summum, extremum) bonum* findet sich im ersten Abschnitt von T 6.4.1 (Z. 3–5)? Vergleichen Sie dazu die Z. 5–6 von T 6.4.1 mit T 4.4.6 (S. 70) beim Peripatos!
2. Mit welcher naturgegebenen Verhaltensweise aller Lebewesen begründet Epikur seine Lehrmeinung, dass das höchste Gut nur in der *voluptas* liegen könne? Vergleichen Sie die ethischen Vorstellungen der Akademie, des Peripatos und der Stoa (Texte unter 3.4.4 und 5.4)! Warum hält Epikur eine Diskussion über seine These für unnötig (Z. 15 ff.)?
3. Inwiefern passt die Feststellung, die Natur selbst müsse darüber entscheiden, was gut oder schlecht für den Menschen sei, zu Epikurs philosophischer Einstellung?

6.4.2

4. Erstellen Sie ein Strukturbild für Satz 2 (Z. 4–8) von T 6.4.2.1! Begründen Sie die Konjunktive in diesem Satz!
5. Von welchem *error* spricht der Epikureer Torquatus, den Cicero den epikureischen Standpunkt in ‚De finibus' vortragen lässt, in T 6.4.2.1 und wie begründet er seine Meinung? Wie müssen wir seine Formulierungen (*inventor veritatis* und *architectus beatae vitae)* verstehen?
6. Mit welcher menschlichen Grundhaltung zum Leben soll in diesem Text ein weiterer Beweis für Epikurs *voluptas*-Theorie erbracht werden? Wie bindet Epikur das tugendhafte Leben gleichfalls in seine Theorie ein?

6.4.3 u. 5 B

7. Diskutieren Sie in Gegenübersteellung die hedonistisch-utilitaristischen Thesen Epikurs und Jeremy Benthams bzw. John St. Mills! Halten Sie Parallelitäten, aber auch Unterschiede fest!

6.4.4

8. Umreißen Sie mit den lateinischen Formulierungen und in Übersetzung die in T 6.4.4 genannten Grundziele der epikureischen Philosophie!

6.5 Das Verhältnis der Epikureer zur Staatsgemeinschaft

Da im Lateinischen fast keine Zeugnisse zu diesem Bereich epikureischer Philosophie vorliegen, werden die folgende Übersetzungen aus den „Entscheidenden Lehrsätzen“ vorgelegt.
(aus dem Griechischen übersetzt von Hans-Wolfgang Krautz)

6.5.1 E Nur der Nutzen zählt

(XXXI) Das der (menschlichen) Anlage entsprechende Recht ist ein Abkommen mit Rücksicht auf den Nutzen, einander nicht zu schädigen und sich nicht schädigen zu lassen.

6.5.2 E Gerechtigkeit und Ungerechtigkeit

(XXXIII) Gerechtigkeit ist nicht etwas an und für sich Seiendes, sondern ein im Umgang miteinander an jeweils beliebigen Orten abgeschlossener Vertrag, einander nicht zu schädigen und sich nicht schädigen zu lassen.

6.5.3 E Gleichheit des Rechts

(XXXVI / XXXVII) Im Hinblick auf das Gemeinwesen ist das Recht für alle dasselbe; denn es ist etwas Nutzbringendes in der wechselseitigen Gemeinschaft.
Was sich von dem, was als Recht anerkannt ist, als wirklich nutzbringend bestätigen lässt im Verkehr der wechselseitigen Gemeinschaft, das trägt den Stempel des Rechts, ob es sich nun für alle als dasselbe herausstellt oder nicht. Wenn aber einer ein Gesetz gibt, das nicht zum Nutzen der wechselseitigen Gemeinschaft ausschlägt, so besitzt dies nicht mehr die Geltung des Rechts.

6.5.4 E Sicherheit gibt und ist *voluptas*

(XL) All jene, die die Macht haben, sich das Gefühl der Sicherheit besonders von ihren Mitmenschen zu verschaffen, leben auch miteinander aufs Lustvollste mit der verlässlichsten Bürgschaft.

6.5 E 1–4 Aufgaben zur Interpretation

6.5.1 E 1. Welcher Gedanke ist bei Epikur Voraussetzung für jegliches gemeinschaftliche Denken und Kern völkerrechtlicher Vereinbarungen und kann deshalb auch allein den Sinn derselben garantieren?

6.5.2 2. Wie definiert Epikur die Gerechtigkeit? Vergleichen Sie die Auffassung Platons (T 3.5.7 E) und arbeiten Sie den Unterschied heraus!

6.5.3 3. Welcher Grundgedanke steht wieder hinter all den Einzeldarlegungen dieses Textes? Was entscheidet letztlich über das Recht schlechthin?

6.5.4 4. Welche grundlegend epikureische Denkweise steckt in der Aussage dieses Textes?

Anhang

1 Eigennamenverzeichnis

Im Eigennamenverzeichnis sind jeweils nur die wichtigsten, für die Lektüre nötigsten Daten enthalten. Auf ausführlichere Informationen vorne bei den Texten wird nur verwiesen, um Dopplungen zu vermeiden. Bei griechischen Eigennamen steht in der Namensspalte die griechische Originalform mit entsprechendem Betonungsakzent; die übliche Ausspracheform findet sich bei den Hinweisen. Mit I wird – vor allem bei der vorsokratischen Naturphilosophie – auf Band I (Philosophische Propädeutik, JSt 10) verwiesen.

Aétios	Aetius, um 100 n. Chr., Doxograph, verfasste ein Werk über die Sätze der Naturlehre (unter Plutarchs Namen ist ein Auszug erhalten)
Agáthon	Agathon aus Athen, um 448 geb., bedeutender Intellektueller, Tragödiendichter
Agrippina	15–59 n. Chr., Frau des Kaisers Claudius; Mutter des Kaisers Nero
Akadémeia	*Akademie* von Platon gegründete, nahe beim Heiligtum des altattischen Heros *Akádemos* gelegene Philosophenschule (> 3, S. 36/37)
Academici (lat.)	Akademiker, die zur Akademie gehörenden Philosophen
Ambrosius	Ambrosius aus Trier, 337–397 n. Chr., Bischof von Mailand
Anácharsis	Anacharsis, Fürst aus Skythien, frühes 6. Jh., zu den Sieben Weisen gerechnet
Anaxagóras	Anaxágoras aus Klazomenai, um 500-425, Naturphilosoph, (> auch Bd. I 2.6, S. 33)
Anaxímandros	Anaximánder aus Milet, um 610-540, ion. Naturphilosoph, Vertreter des *ápeiron*
Anaximénes	Anaxímenes aus Milet, um 580-520, ion. Naturphilosoph, Schüler Anaximanders
Antíochos	Antíochus aus Askalon, 1. Jh. v. Chr., Nachfolger des > Philon in der Akademie
Antisthénes	Anstísthenes aus Athen, 450–365, Sokratiker, aber von den Sophisten beeinflusst
Apóllon	Apoll, griech. Gott, besonders verehrt in seinem Heiligtum in Delphi
Archélaos	Archélaos, Sohn des > Perdiccas II. von Makedonien, galt als *beatissimus omnium*
Archélaos	Sohn des Apollodor aus Athen, Schüler des > Anaxagoras, den auch Sokrates hörte
Archytas	Archytas aus Tarent, 1. Hälfte 4. Jh. v. Chr., Pythagoreer und Freund > Platons
Arístippos	Aristípp aus Kyrene, 425–355, Schüler des > Sokrates, von Sophisten beeinflusst
Ariston	Ariston aus Chios, Schüler des > Zenon, Stoiker, später eigene Schule
Aristotéles	Aristóteles aus Stageira, 383–322; Gründer der peripatet. Schule (> 4, S. 60 ff.)
Arkesílaos	Arkesílaus aus Pitane, 316–241, Akademiker
Augustinus	aus Thagaste in Numidien, 354–430, Religionsphilosoph und Bischof, einer der Kirchenväter; sein bekanntestes Werk ‚*De civitate Dei*'
Bentham Jeremy	1748–1832, Hauptvertreter des Epikurs Hedonismus nahen sogen. Utilitarismus
Bías	Bias aus Priene; Mitte 6. Jh. v. Chr., einer der Sieben Weisen (> auch I 2.1, S. 22)
Boéthius	Anicius, M. Boethius, um 480 geb., anfangs hoch geehrter röm.Verwaltungsbeamter des Königs Theoderich d. Großen; 524 als „Hochverräter" ohne Prozess hingerichtet; im Kerker schrieb er sein bekanntestes Werk, die *Consolatio Philosophiae*
Brutus	röm. Quaestor und Praetor, überzeugter Stoiker, Freund Ciceros
Calliphón (lat.)	> Kálliphon
Carneades (lat.)	> Karneádes
Chílon	Chílon aus Sparta, Mitte 6. Jh. v. Chr., einer der Sieben Weisen (> Bd. I 2.1, S. 20)
Chrysippos	Chrysípp aus Soloi, 281–208, Oberhaupt der Stoa, Logiker und Dialektiker
Cicero	Marcus Tullius Cicero aus Arpinum, 106–43, römischer Politiker, Konsul und großer Redner (> ausführlichen Lebenslauf unter 3.2, S. 6/7)
Criton	> Kriton
Demókritos	Demokrít aus Abdera, 460–370, Naturphilosoph (> auch Bd. I 3.3.2, S. 35/36)
Diogénes	Diógenes aus Sinope, um 400–328, Begründer der kynischen Philosophie
Diogénes Laértius	lebte Ende des 3. Jh.s n. Chr., biographische Geschichte der Philosophie
Dionysios II.	Dionysius II., Tyrann v. Syrakus, sein Statthalter Dion rief > Platon nach Syrakus

Eleatici philosophi	Philosophen der eleatischen Schule (Xenophanes, Parmenides, Zenon von Elea), die die Erforschung des ewigen, unveränderlichen SEINS betonten
Empedoklés	Empédokles aus Akragas, um 500–430, Naturphilosoph / Physiker (> I 3.3.1, S. 34)
Epíkuros	Epikúr aus Samos, 341–270, Begründer der epikureischen Philosophie (> 6, S. 92)
Epíktetos	Epiktét aus Hierápolis, 50–120 n. Chr., bedeutender Stoiker (> 5, S. 76)
Erasmus	aus Rotterdam, 1466-1536, > ausführlichen Lebenslauf (3.4, S. 9)
Eúdemos	Eúdemos aus Rhodos, Altersgenosse des > Theophrast, Leiter des Peripatos
Eukleídes	Euklíd aus Megara, um 450–370, Sokrates-Schüler, stand den Eleaten nahe
Gellius Aulus	Aus Rom, 2. Jh. n. Chr., Verfasser der *‚Noctes Atticae'* mit vielen Zitaten aus Werken von Autoren, die uns verlorengegangen sind.
Glaúkon	Glaukon, Sohn des Ariston, jüngerer Bruder Platons, Gesprächsteilnehmer im ‚Staat'
Gorgías	Górgias aus Leontinoi, um 485–380, Sophist (> Bd. I 4.1.3, S. 41)
Hartmann Nicolai	aus Riga, 1882–1950, Professor für Philosophie an verschiedenen Universitäten
Herákleitos	Heraklít aus Ephesos, um 540–480, Naturphilosoph (Näheres > Bd. I 3.2.3, S. 32)
Heródotos	Herodót aus Halikarnass, um 484–425, weitgereister Geschichtsschreiber
Hesíodos	Hesiód aus Kleinasien, um 700 v. Chr., epischer Dichter, bekannte Werke: *Theogonia* und *Erga kai hemérai*
Hippías	Híppias aus Elis, jüngerer Zeitgenosse des > Protagoras, Sophist
Hippólytos	Hippolytus aus Rom, Beginn des 3. Jh.s nach Chr., frühchristlicher Schriftsteller
Jaspers Karl	1883–1969, Professor für Philosophie in Heidelberg, Vertreter des Existenzialismus
Jonas Hans	1903–1993, deutsch-amerikanischer Gelehrter, Begründer der „Verantwortungsethik"
Kálliphon	lat. Callipho, sonst weniger bekannter epikurnaher Philosoph des 2./1. Jh.s v. Chr.
Kant	Kant Immanuel, 1724–1804, lehrt eine vernunftorientierte rigorose Ethik
Karneádes	lat. Carnéades aus Kyrene, gest. 129 v. Chr.; Philosoph der „Mittleren Akademie", führte 156 v. Chr. eine Philosophengesandtschaft nach Rom
Kleánthes	Kleánthes aus Assos, um 321–232 v. Chr., Nachfolger Zenons in der Stoa
Kleisthénes	Kleisthenes aus Athen, spätes 6. Jh. v. Chr., Begründer der athenischen Verfassung
Kleóboulos	Kleobulos aus Lindos, einer der Sieben Weisen (> Bd. I S. 20)
Kríton	Kríton aus Athen, Freund des Sokrates, den er aus dem Gefängnis zu retten suchte; spielt eine wesentliche Rolle in Platons Dialog *Phaidon*
Kyrenaikoí	lat. Cyrenáici: Mitglieder der von > Aristipp gegründ. Philosophenschule, auch Hedoniker genannt, da sie – ähnlich wie Epikur – die Lust (*hedoné)* zum Ausgangspunkt ihrer Philosophie machten
Lactantius	Laktanz, um 260 geb., röm. Redelehrer, vermutlich auch Lehrer von Kaiser Konstantin, trat zum christl.Glauben über, Hauptwerke *Divinae institutiones* und *De ira dei*
Laelius	röm. Konsul und Redner, um 190–129, Vertrauter des P. Cornelius Scipio Aemilianus, Cicero betitelt sein Werk *De amicitia* ‚Laelius'
Laches	Láches, athenischer Stratege; gefallen in der Schlacht bei Mantineia 418
Léon	Léon, Tyrann in > Phleius, 2. Hälfte des 6. Jh.s v. Chr.
Leúkippos	Leukípp aus Milet, Mitte des 5. Jh. v. Chr., Begründer der Atomlehre (> Bd. I S. 35)
Lucilius	jüngerer Freund > Senecas, dem dieser seine Briefe widmete
Lucius	ein Vetter > Ciceros
Lykeion	lat.: Lycíum, Bezirk von Athen außerhalb der Stadt mit Heiligtum des > Apoll
Marcus Aurelius	Marc Aurel, 121–180 n. Chr., römischer Kaiser von 161–180, stand der stoischen Philosophie nahe (> auch 5, S. 76)
Megarici	Philosophische Schule von Megara, auf > Xenophanes zurückgehend
Messalína	25–48 n. Chr., dritte Frau des Kaisers Claudius, für ihre Zügellosigkeit bekannt
Mill, John Stuart	1806–1873, englischer Philosoph und Volkswirtschaftler

Nausipháneṣ	Nausíphanes aus Teos, 360-300, steht der Philosophie > Demokrits nahe
Nikómachos	Nikomachos, Sohn des Aristoteles, nach dem er seine Ethik benannte
Panaítios	Panaitios aus Rhodos, 180–120, stoischer Philosoph (> auch 5, S. 76)
Parmenídes	Parménides aus Elea, um 515–445, vorsokratischer Philosoph (> Bd. I 3.2.2, S. 31)
Peisisitratos	Tyrann in Athen 561/60, Festiger der timokratischen Verfassung Athens
Perdíkkas II.	lat. Perdiccas, König von Makedonien 440–413, Vater des > Archélaos
Períandros	Periander aus Korinth, um 600-550, einer der Sieben Weisen (> Bd. I 2.1, S. 20)
Perípatos (Peripatétici)	von Aristoteles gegründete philos. Schule der Peripatetiker (> 4, S. 60) diskutierte in einer dem > Lykeion angeschlossenen Wandelhalle (von griech. peripateín: umhergehen)
Phaídon	Phaédon aus Elis, Sokratesanhänger, Erzähler im gleichnamigen Dialog Platons
Phaídros	Phaédrus, Sokratesschüler, Titelfigur des gleichnamigen platonischen Dialogs
Pheidías	Phídias aus Athen, um 460–430 führender Bildhauer Athens
Philon v. Alexandria	Philon, jüd. Philosoph, flüchtete 88 v. Chr. nach Rom, Akademiker, Lehrer > Ciceros
Phleíus	Phlius, Stadt in der nordöstlichen Peloponnes, südwestlich von Korinth
Píttakos	Píttakus aus Mytilene, 2. Hälfte des 6. Jh.s, einer der Sieben Weisen
Pláton	Platon aus Athen, 427–347, Begründer der Akademie (> 3, S. 36)
Polémon	Pólemon aus Athen, ab 315 v. Chr. Oberhaupt der > Akademie
Poseidónios	Poseidónius aus Apameia in Syrien, 135–51 v. Chr., Erneuerer der Stoa (> 5, S. 76)
Pródikos	Pródikus aus Keos, 2. Hälfte 5. Jh., ein Hauptvertreter der Sophisten (> Bd. I 3, S. 41 f.)
Protagóras	Protágoras aus Abdera, um 480–410, Archeget der Sophistik (> Bd. I 4, S. 41)
Pythagóras	Pythágoras aus Samos, um 570–480, hörte > Thales und Anaximander (> I 3.2.1 S. 28)
Seneca	aus Cordoba, 4 v. Chr.–65 n. Chr., römischer Staatsmann und Philosoph der stoischen Richtung und Tragiker (> ausführlichen Lebenslauf unter 3.2, S. 7/8)
Simplíkios	Simplicius aus Alexandreia, 6. Jh. n. Chr., Neuplatoniker, Akademie-Mitglied
Solon	Solon aus Athen, um 640–560, Gesetzgeber, einer der Sieben Weisen, erhielt 594 als „Schiedsmann" (diallaktés) außerordentliche Vollmachten
Sokrátes	Sókrates (lat. Sócrates) aus Athen, 470–399, ethischer Popular-Philosoph (> 2, S. 22 f.)
Speúsippos	Speusípp aus Athen, gest. 339, Neffe und Nachfolger Platons als Oberhaupt der Akademie (> 3, S. 36/37)
Stoá (lat.: Stóici)	Stoá, philosophische Schule der Stoiker, nach der stoá poikíle, einer Säulenhalle in Athen, in der sie tagte, benannt (> auch 5, S. 76 f.)
Stráton	Straton aus Lampsakos, ab 287 v. Chr., Vorstand des Peripatos
Thalés	Tháles aus Milet, 1. Hälfte des 6. Jh.s, Naturphilosoph, einer der Sieben Weisen (> auch Bd. I 2.1 und 2.2.1, S. 20 u. 22)
Themistoklés	Themistokles, demokrat. Staatsmann Athens, als Feldherr Sieger bei Salamis 480 v. Chr.
Theóphrastos	Theophrást aus Eresos (Lesbos), 371–287, Schüler und bedeutender Nachfolger des Aristoteles in der Leitung des > Peripatos (> 4, S. 60)
Thomas v. Aquin	Thomas v. Aquin, 1225–1274, führender geistlicher Philosoph des Mittelalters
Thrasymachos	Thrasymaschus aus Chalkedon, Ende 5. Jh., Sophist und Rhetor in Athen (> I 3, S. 42)
Xanthíppe	Xanthíppe aus Athen, Gattin des Sokrates, für ihre Zanksucht bekannt (> 2, S. 22 ff.)
Xenokrátes	Xenókrates aus Chalkedon, Schüler > Platons, Leiter der Akademie
Xenophánes	Xenóphanes aus Kolophon, 570–475, eleatischer Philosoph (> Bd. I 3.2.2, S. 31)
Zénon	Zenon aus Kítion, 334–263, Begründer der Stoa (> 5, S. 76 f.)
Zénon	Zenon aus Elea, um 460 v. Chr., Lieblingsschüler des Parmenides (> I 3.2.2, S. 31)

2. Übersichtstafeln zu den vier Philosophenschulen (Texteinheiten 3–6)

Zu 3.: Platon und die Akademie

	Naturphilosophie:	Logik / Erkenntnistheorie:	Ethik:	Staatsphilosophie:
Ziele, Untersuchungsrichtung:	Erkennen des Aufbaus u. der Natur des Alls Bestimmung der Erscheinungsformen in Natur und All	Bestimmungsstücke (causae) der Erscheinungsformen Bestimmung des wirklich Seienden im Gegensatz zum nur so Scheinenden	Suche des *summum bonum* und der *fines bonorum* Wie findet man am besten zum richtigen, glücklichen Leben?	Suche nach der besten Staatsform, Aufbau und Führung des Staates Darstellung des Staates als eine Gemeinschaft der zusammen lebenden Stände
Ergebnisse der philosophischen Arbeit:	Zwei Bestandteile der Erscheinungsformen: Materie (*materia*) und Energie (*vis*); sie ergeben zusammen ein *corpus*, eine *qualitas*.	Dualismus: Denkerkenntnis (*noesis)* der geistigen Welt (Ewiges-Unveränderliches) und Sinneswahrnehmung der gegenständlich-vergänglichen Welt	Erste Bestimmung der vier Grundwerte: *fortitudo – temperantia – iustitia – sapientia* Erkenntnis, dass das Gute und die Werte *a priori* gegeben und unveränderlich sind	Notwendigkeit politischer Betätigung – Darstellung der Gerechtigkeit als Grundlage der Staatsgemeinschaft 3-Stände-Staat: Philosophen-Könige – Wehrstand – Nährstand
Wichtige Formulierungen:	… ut naturam dividerent in res duas, ut altera esset res efficiens, altera, ex qua efficeretur aliquid: quod ex utroque, corpus.	Quinque causae rerum: id, ex quo – id, a quo – id, in quo – id, ad quod -id, propter quod Mentem volebant rerum esse iudicem.	… in una virtute esse positam beatam vitam … cognitio et scientia rerum appetendarum fugiendarumque secundum naturam vivere	Hominem esse censebant partem quandam civitatis eumque coniunctum esse cum hominibus humana quadam societate.
Besonde-Leistungen und Erkenntnisse:	Gleichförmige, ursprüngliche und einfache Qualitäten wie Luft, Feuer, Wasser, Erde u. daraus erwachsende Formen	Höhlengleichnis Ideenlehre Zusammen mit dem Peripatos: Systematisierung der Wissenschaft	Idee des Guten Mit der Ideenlehre wird Platon zum Begründer des Idealismus.	Erste Definitionen des Staates, seiner Stände, seines Aufbaus, seiner verschiedenen möglichen Formen

Zu 4.: Aristoteles und der Peripatos

	Naturphilosophie:	Logik / Erkenntnistheorie:	Ethik:	Staatsphilosophie:
Ziele, Untersuchungsrichtung:	Erforschung der gesamten Natur *caelo, mari, terra* Erkenntnis der menschlichen Natur	(zum Teil wie Akademiker) Sitz der Urteilsfähigkeit Erkenntnis der *causae rerum* Entwicklung der Logik als Werkzeug	Wie bei der Akademie die Erkennung der *fines bonorum et malorum* und des *honestum;* Suchen nach deren genauer Bestimmung	Erkennen der Zuordnung des Menschen zur Gemeinschaft und der Ursachen dieser Zuordnung
Ergebnisse der philosophischen Arbeit:	Materie als Substanz und Möglichkeit, Energie als Formend-Verwirklichendes Teleologische Naturauffassung	Primat der *ratio* (Vernunft/Verstand) vor den Wahrnehmungen der Sinne Entwicklung der 10 Bestimmungs-Kategorien und der log. Schlüsse	Teleologische Ethik: Das Ziel einer Handlung bestimmt den Wert. Ein GUT ist das Ziel (*télos*), nach dem alles strebt. Die Natur zeigt uns den richtigen Weg.	Der Mensch ist ein staatenbildendes Wesen. Das erfordert die Anerkennung bestimmter sozialer Voraussetzungen und Bedinungen.
Wichtige Formulierungen:	Ita figuratum corpus ut excellat aliis; animum ita constitutum, ut habeat praestantiam mentis. Gott ist reines Denken und Ursache der Bewegung	Mentem volebant rerum esse iudicem; solam censebant idoneam, cui crederetur. Formulam quandam disciplinae composuerunt.	Ea vita expetitur, quae sit animi corporisque expleta virtutibus in eoque summum bonum poni necesse est. … neque ulla alia in re nisi in natura quaerendum esse summum bonum.	(*griech.:*) Anthropos zoon politikón estin (*latein.:*) Homo animal sociale: coniunctio inter homines hominum – caritas generis humani – societas et communicatio utilitatum
Besonde- Leistungen und Erkenntnisse:	Systematische Erforschung der gesamten Natur (*omnium animantium ortus, victus, figuras*) – Teleolog. Naturauffass.: Werden ist Übergang vom Möglichen zum Wirklichen	10 Bestimmungs-Kategorien des Aristoteles: Substanz – Quantität – Qualität – Relation – Ort – Zeit – Lage – Zustand – Tätigkeit – Leiden Systematisierung der Wissenschaft	Mesotes-Lehre (Tugend ist die gesunde Mitte zwischen den Extremen) Entwicklung der teleologischen Ethik im Unterschied zur deontologischen	Erkenntnis der Staatskunst als der Wissenschaft, die als Endziel alle anderen Ziele umfasst. Definition der mögl. Grundformen des Staats: Monarchie, Aristokratie, Demokratie, Oligarchie

Zu 5.: Zenon und die Stoa

	Naturphilosophie:	Logik / Erkenntnistheorie:	Ethik:	Staatsphilosophie:
Ziele, Untersuchungsrichtung:	Nachdenken über Macht u. Wesen der Götter Erkenntnis der Naturgesetze Erkundung der Elemente	Anerkennnung und Verdichtung der von Akademie und dem Peripatos entwickelten Prinzipien	Erkennen der *aegritudines animi* Suche nach den Voraussetzungen für ein glückliches Leben *vita beata,* (*griech.:*) *eudaimonía* und *tranquillitas animi*	Erkennen der Notwendigkeit, dass der Weise sich der Führung und dem Schutz des Staates widmet
Ergebnisse der philosophischen Arbeit:	Die Naturlehre der Stoa ist materialistisch-monistisch; Stoff und Form Körper und Geist sind eins: ein stoffliches Feuer	Die schon von Akademie und Peripatos gefundenen Definitionen, Schlussfolgerungen, Aufgliederungen etc. werden anerkannt.	Fixierung der vier Grund-Affekte Lust – Begierde Furcht – Hass Das einzige und höchste Gut, das frei macht, ist das ehrenhafte Verhalten.	Die Klugheit des Philosophen dient dem Nutzen der Bürger; seine Unbestechlichkeit garantiert korrektes Verhalten.
Wichtige Formulierungen:	Quattuor ex rebus omnia constare. Zeno dixit ignem esse quintam quandam naturam ex qua ratio et intelligentia oriretur.	In disserendi ratione cognitioneque naturae nihil erat, quod Zenon commutare gestiret.	Unum bonum esse, quod honestum est. … ut virtus ad beate vivendum sit se ipsa contenta. Omne bonum honesto circumscripserunt.	(Philosophus) cernit contineri utilitatem civium prudentia; iustitia (eius) nihil in domum suam derivet; natura sumus apti ad coetus, concilia, civitates.
Besonde-Leistungen und Erkenntnisse:	Durch das Wirken der Weltvernunft als stoffliches Feuer geschieht alles in der Welt mit Notwendigkeit. *Divina vis* aber treibt den Geist	Die *causa* als eine der beiden schöpferischen Ursachen (neben der *materia*) ist der *ratio* gleichgesetzt.	Erkennen seelischer Erkrankungen (*perturbationes animi*) als Folge von Affekten Naturgemäß leben heißt, die eigene Vernunft der Weltvernunft unterordnen.	Vorrang der staatlichen Gemeinschaft vor den Interessen des Einzelnen: Vir bonus utilitati omnium plus quam unius alicuius aut suae consulit.

Zu 6.: Epikur und seine „Gartenphilosophen“

	Naturphilosophie:	Logik / Erkenntnistheorie:	Ethik:	Staatsphilosophie:
Ziele, Untersuchungsrichtung:	Beschreibung des Zustands der Welt Widerlegung der Götterlehre und des Aberglaubens	Ursprünglich lehnt Epikur die *pars rationalis* der Philosophie ab und hält sie für unnötig. Dies wird später revidiert und korrigert.	Suche nach dem *ultimum bonorum* Befreiung des Menschen von der Angst und vom Schmerz; deshalb Suche nach der *ataraxia / tranquillitas* wie bei Stoa	Suche nach einem erträglichen und verträglichen Auskommen der Menschen miteinander
Ergebnisse der philosophischen Arbeit:	Weitgehende Hinwendung zur Atomlehre Demokrits Die Körper und das Leere sind die Grundbestandteile der Natur.	Dann führen die Epikureer doch eine neue *pars* ein: *De iudicio et regula* Es wird aber der Vorrang der Erkenntnis durch die *sensus* betont.	Festlegung des *sumum bonum* in der *voluptas* Lust ist das einzige Gut; Schmerz das einzige Übel. Schmerzlosigkeit als bleibende Lust hat Vorrang.	Gerechtigkeit ist ein im Umgang miteinander abgeschlossener Vertrag, einander nicht zu schädigen und nicht schädigen zu lassen.
Wichtige Formulierungen:	Es bewegen sich die Atome stetig die Ewigkeit hindurch, die einen in senkrechter Bahn, die anderen im seitlichen Wegdriften.	Quicquid animo cernimus, id omne oritur a sensibus. – Sublata cognitione et scientia tollitur, omnis ratio vitae degendae et rerum gerendarum.	Voluptatem appetere eaque gaudere ut summo bono, dolorem aspernari um summum malum; aber: Non posse iucunde vivi, nisi sapienter, honeste iuste	Das Recht ist ein Abkommen mit Rücksicht auf den Nutzen, einander nicht zu schädigen und sich nicht schädigen zu lassen.
Besonde- Leistungen und Erkenntnisse:	Durch seine Deklinationstheorie will Epikur den Determinismus der Atomisten aushebeln.	Wahrnehmung: Körperliche Wahrnehmung *(aísthesis)* durch die Sinne; innere Wahrnehmung *(diánoia)* durch die Atome; Empfindung durch Gefühle *(páthe)*	Oberste Leitlinie: (griech.:) *„Láthe biósas!“* („Lebe in stiller Verborgenheit!“)	Franz Eckstein: „Die Epikureer vertreten das Ideal des absoluten Individualismus und kennen nicht die Eingliederung in das Ganze und in den strengen Rahmen des Staates.“

Übersichtstafel 5:

Abschließende Zusammenschau zur Ethik von Akademie, Peripatos, Stoa und Epikur

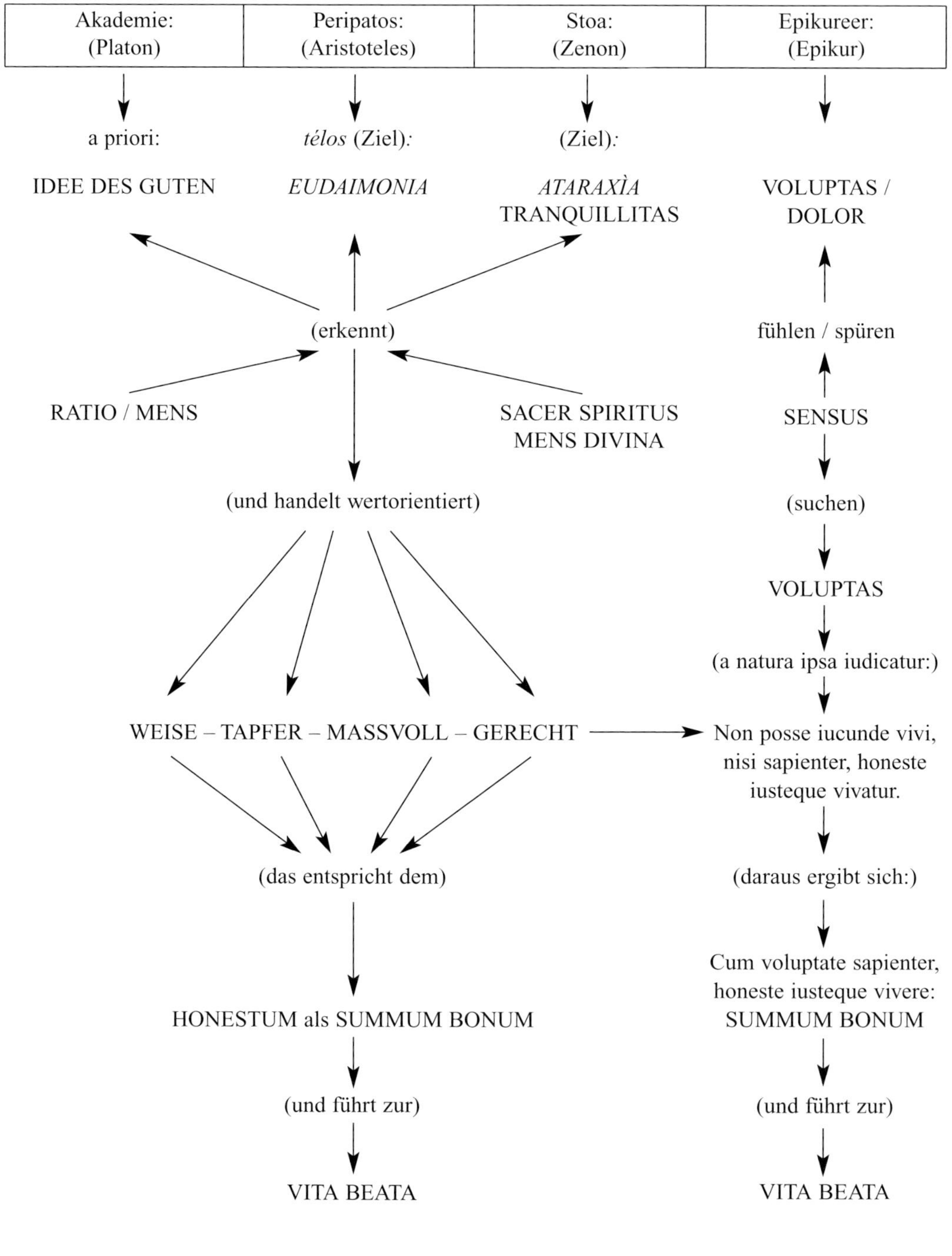

Übersichtstafel 6:

Zur Entwicklung der Ethik in der modernen Philosophie

Vergleichen Sie die folgende Übersicht über die Ethik, wie sie in dem Unterrichtswerk „Ethik Aktuell“ von J. Peters und B. Rolf im C. C. Buchners Verlag angeboten ist, mit der Darstellung der antiken ethischen Vorstellungen in den Darbietungskapiteln und auf den Übersichtstafeln dieses Bandes! Versuchen Sie die Fortwirkung der antiken Philosophie zu erkennen!

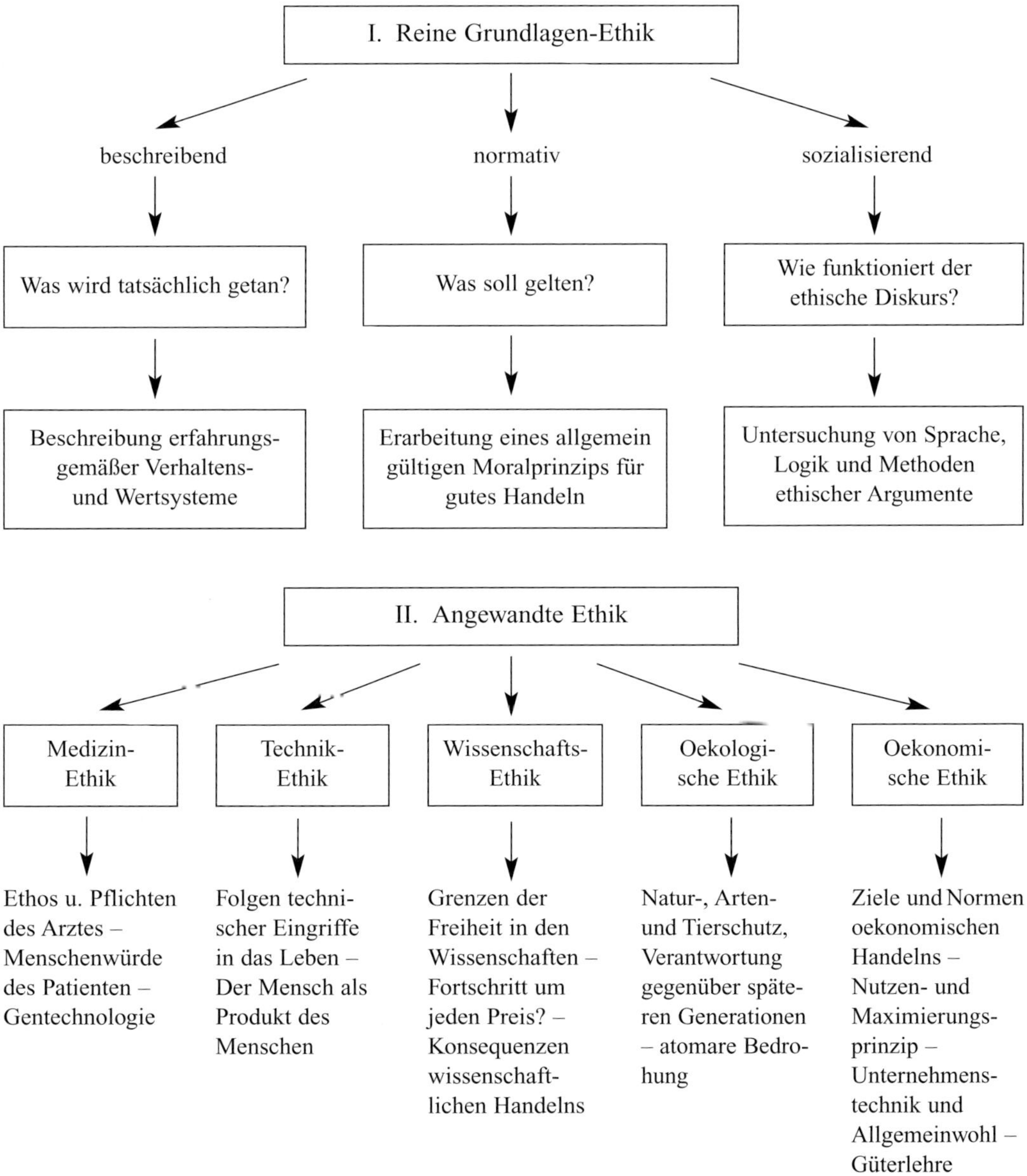

3 Zeittafel

Die Zeittafel soll – auf einer Art Zeitstrahl – schnellen Überblick über die Einzeldaten im Zeitablauf und im historischen Zusammenhang ermöglichen. Nähere Erläuterungen fehlen hier; sie finden sich ja auch im Eigennamenverzeichnis! Wo philosophiegeschichtliche und politische Daten gleichzeitig anfallen, steht rechts eine eigene Angabe.

Daten zur Philosophie – Geschichte	Zeit /Jahr	Politische Daten
Pittakus aus Mytilene (7 Weise)	um 650 geb.	
Solon aus Athen, (7 Weise)	um 640 geb.	Glanzzeit Milets
Thales aus Milet (7 Weise)	um 630 geb.	
Anaximander aus Milet	um 610 geb.	
Periander aus Korinth (7 Weise)	um 600 geb.	
Anacharsis aus Skythien (7 Weise)		Solon aus Athen (7 Weise) 594/593
Anaximenes aus Milet	um 585 geb.	*diallaktés* („Schiedsmann“)
Pythagoras aus Samos	um 580 geb.	
Xenophanes aus Kolophon		um 570 geb.
Chilon aus Sparta (7 Weise)	um 550 geb.	Peloponnesischer Bund unter Führung Spartas
	559–529	Kyros II., der Große ist Perserkönig;
	539	mit der Eroberung Babylons wird Persien zum Weltreich
Heraklit aus Ephesos	um 550 geb.	Milet kommt 546 unter persische Herrschaft
Parmenides aus Elea	um 515 geb.	Dareios I., Perserkönig von 522–486;
Anaxagoras aus Klazomenai	um 500 geb.	erobert und zerstört 494 Milet
	492–479	Perserkriege gegen Hellas
Gorgias aus Leontinoi, Sophist	um 485 geb.	Xerxes I., Sohn des Dareios I. ist von
Empedokles aus Akragas	um 483 geb.	485–465 König der Perser
Protagoras aus Abdera, Sophist	um 480 geb.	Kampf bei den Thermopylen
Leukipp aus Milet, Begründer der Atomlehre, geb. um 470	480	Seeschlacht bei Salamis
	479	Schlacht bei Platää
	478–449	Angriffskriege gegen die Perser
	472	Aufführung der „Perser“ des Aischylos
Sokrates aus Athen	470 geb.	Karthago erobert Sizilien
Zenon von Elea, Parmenidesschüler	um 460	Perikles gewinnt in Athen immer mehr
Demokrit aus Abdera	460 geb.	Einfluss
Historiker Thukydides	460 geb.	
Blütezeit des Bildhauers Phidias	460–430	Ständekämpfe in Rom (Coriolan)
Hippias aus Elis, Sophist	um 460 geb.	
Antisthenes aus Athen, Sokratiker	450 geb.	451 Bürgerrechtsgesetz durch Perikles
Tätigkeit des Sophisten Prodikos	ab 450	
	447	Bau des Parthenon beginnt
	431	Beginn des Peloponnesischen Kriegs
Platon aus Athen (Akademie)	427 geb.	
Aristipp, Sokratesschüler	425 geb.	
	404	Ende des Peloponnesischen Kriegs
Diogenes von Sinope, Kyniker	400 geb.	404/403: Dreißig Tyrannen in Athen
Sokrates hingerichtet	399	

Aristoteles aus Stageira	383 geb.	
Akademie von Platon gegründet	um 380	
Theophrast aus Eresos, Freund und Nachfolger des Aristoteles	371 geb.	
Nausiphanes aus Teos	um 360 geb.	
	359–336	Philipp II. König von Makedonien
	356–323	Alexander der Große (König von Makedonien 336–323)
Aristipp gründet Schule der „Kyrenaiker“	um 350	
Platon gestorben	347	
„Ältere Akademie“	347–256	
Epikur von Samos, Gründer der epikureischen Schule	341 geb.	1. und 2. Samnitenkrieg Roms (343–304)
Speusipp, Leiter der Akademie gest.	339	
Xenokrates wird Leiter		338 Gründung der italischen Wehrgemeinschaft durch Rom
Zenon von Kition, Gründer der Stoa	335 geb.	
Aristoteles gründet den Peripatos	334	
	333	Schlacht am Issos
Kleanthes von Assos, Stoiker	331 geb.	Alexander erobert Vorderasien
Aristoteles gest.	322	Alexander stirbt 323
Polemon Leiter der Akademie	ab 315	
„Ältere Stoa“	310–160	
Epikur gründet seine Schule, den „Garten“ (griech. *képos)*	307	
Zenon gründet die Stoa	um 300	(298–291) 3. Samnitenkrieg Roms
Hieronymus v. Rhodos, Peripatetiker	290 geb.	
Straton, Leiter des Peripatos	ab 287	
Chrysipp von Soloi, Stoiker	281 geb.	(280–276) Roms Krieg gegen Pyrrhos
Zenon von Kition gestorben	263	(264–241) Erster Punischer Krieg
Karneades, Vertreter der „Neueren Akademie“	224 geb.	(235–183) P. Cornelius Scipio Africanus (218–201) Zweiter Punischer Krieg
Panaitios v. Rhodos, Stoiker	180 geb.	
Karneades führt eine griech. Philosophengesandtschaft nach Rom	156	146 Karthago völlig zerstört
„Mittlere Stoa“	150 v.–60 n.	146 Korinth von den Römern zerstört
Poseidonios, Stoiker	135 geb.	
Cicero, röm. Redner u. Philosoph	106 geb.	
	100	Caesar geboren
	60	Triumvirat Pompeius – Crassus – Caesar
Ciceros bedeutendste philos. Schriften (*De finibus, Libri Academi, Tusculanae disputationes*) entstehen	47–43	
	44	Caesar ermordet
Cicero wird ermordet	43	(27 v. Chr.–14 n. Chr.) Augustus Kaiser
Seneca, stoischer Philosoph	4 v. Chr. geb.	(14–37 n. Chr.) Tiberius Kaiser
Epiktet von Hierapolis, Stoiker	50 n. Chr. geb.	(37–41 n. Chr.) Caligula Kaiser (41–54 n. Chr.) Claudius Kaiser
Senecas Selbstmord	65 n. Chr.	(54–68 n. Chr.) Nero Kaiser
„Jüngere Stoa“	60–180 n. Chr.	79 n. Chr.: Vesuv-Ausbruch
Kaiser Marc Aurel, Stoiker	121 geb.	100 Plinius d. J. Konsul

4 Verzeichnis der verwendeten und verwendbaren Literatur

Zu **Cicero:**

a) Ausgaben:
Reynolds L. D., M. T. Ciceronis, De finibus bonorum et malorum libri V, Oxford, 1998
Schiche Thomas, M.Tullius Cicero, De finibus bonorum et malorum, Leipzig, 1961
Wilkins A. S., M.Tulli Ciceronis Rhetorica (Brutus, Orator), Oxford, 1978

b) Ausgaben mit Kommentar /Übersetzung:
Gerlach Wolfg. u. Bayer Karl, M. T. Cicero – Vom Wesen der Götter (De natura deorum), München, 1978
Gigon Olof, M. T. Cicero – Gespräche in Tusculum (Tusc. disputationes), Düsseldorf–Zürich, 1998
Gigon/Straume-Zimmermann, M.Tullius Cicero – Über die Ziele des menschlichen Handelns, München/ Zürich, 1988
Holstein G., Tulli Ciceronis – De finibus bonorum et malorum libri V, Leipzig, 1873
Rackham H. MA, Cicero – Academica (Libri Academici), London, 1961

c) Begleitlektüre zu Cicero:
Büchner Karl, Das späte Cicero-Bild, Darmstadt, 1971
Fuhrmann Manfred, Cicero, Eine Biographie, München, 1989
Gelzer Matthias, Cicero, Ein biographischer Versuch, Wiesbaden, 1969
Gelzer, Kroll W., Philippson R., Büchner K.: M. Tullius Cicero, Sonderdr. des RE-Artikels, Stuttgart, o. J.)

Zu **Seneca:**

a) Ausgaben:
Préchac F., Sénèque Lettres à Lucilius, Paris, 1985
Reynolds L. D., L. Ann. Senecae, Ad Lucilium epistulae Morales, Oxford, 1991

b) Ausgaben mit Kommentar/Übersetzung:
Loretto F., L. Annaeus Seneca, Epistulae morales ad Lucilium, Stuttgart, 1995
Rosenbach M., L. Annaeus Seneca, Philosophische Schriften, Darmstadt, 1995

c) Begleitlektüre zu Seneca:
Bütler H. P. u. Schweitzer H. J., Seneca im Unterricht, Heidelberg, 1974
Maurach G., Seneca als Philosoph, Darmstadt, 1987
Norden E., Die antike Kunstprosa I, S. 306 ff, Stuttgart, 1983
Reinhart G. / Schirok E., Senecas epistulae morales, Zwei Wege ihrer Vermittlung, Bamberg, 1988

Zu **Erasmus von Rotterdam:**

a) Ausgaben:
Ioannes Gymnicus, Apophthegmatum ex optimis utriusque linguae Scriptoribnus per Des. Erasmum Roterodanum collectorum libri octo, Originalausgabe Köln, Wilhelms-Gymnasium München, 1581

c) Begleitlektüre zu Erasmus:
Mähl Sibylle, Quadriga virtutum (zu den virtutes Cardinales), Köln/Wien,
Pfeiffer R., Humanitas Erasmiana, Leipzig, 1931
Zweig Stefan, Triumph und Tragik des Erasmus von Rotterdam, Fischer TB, 1996

Zu **Gellius:**

Marshall P. K., A. Gellii Noctes Atticae (Libri I–X), Oxford, 1968

Zu **Augustinus:**

Buchner Hans, Augustinus De civitate dei, Bamberg, 2001

Ergänzungstexte (Übersetzungen griechischer Originale) **und sonstige Materialien:**

Aristoteles, Nikomachische Ethik – Übersetzung Ernst A. Schmidt, Stuttgart
Aristoteles, Metaphysik – Übersetzung Franz F. Schwarz, Stuttgart
Aristoteles, Die Kategorien – Übersetzung Ingo W. Rath, Stuttgart
Aristoteles, Der Staat der Athener– Übersetzung Martin Dreher, Stuttgart
Aristoteles, Politik – Übersetzung F. Susemihl, Hamburg, 1968
Epikur, Briefe, Sprüche, Fragmente – Übers. Hans-Wolfgang Krautz, Stuttgart
Platon, Sämtliche Werke – Übers. F. Schleiermacher, Hamburg
Diehls/Kranz, Die Fragmente der Vorsokratiker (gr.dt.), Dublin–Zürich, 1985

Zu den **Begleittexten:**

Gerhardt G., Grundkurs Philosophie (2 Ethik, Politik), BSV, 2000
Langer E. u. a., Texte zum Ethik-Unterricht, Donauwörth, 1981
Peters / Bernd, Ethik aktuell (Texte und Materialien zur Ethik), Bamberg, 2002
Unterholzner B., Grundfragen philosophischer Ethik, Donauwörth, 2000

Zur **Philosophie-Geschichte:**

Graeser Andreas, Die Philosophie der Antike II, Sophistik u.Sokratik, Plato und Aristoteles, München, 1983
Hossenfelder M., Die Philosophie der Antike III, Stoa, Epikureismus u. Skepsis, München, 1985
Röd Wolfgang, Die Philosophie der Antike I, von Thales bis Demokrit, München, 1988

Kommentierende / Darstellende Werke:

Capelle Wilhelm, Die Vorsokratiker, Stuttgart, 1968
Eckstein Franz, Abriß der griechischen Philosophie, Frankfurt a. M., 1965
Jaspers Karl, Einführung in die Philosophie, München, 1959

Allgemeine Nachschlagewerke:

Andresen K., u. a., Lexikon der Alten Welt, 3 Bände, München/Zürich, 1965
Brugger Walter, Philosophisches Wörterbuch, München
Burkard Fr.-P., Philosophie Lexikon, Stuttgart, 2003
Cansik Hubert, Der Neue Pauly, Enzyklopädie der Antike, Metzler, 2001
Cansik Hubert, Schneider H., Enzyklopädie der Antike in 15 Bänden und Register, Stuttgart, 2003
Howatson M. C., Reclams Lexikon der Antike, Stuttgart, 1996
Krefeld Heinrich, Hellenika, Einführung in die Kultur der Griechen, Berlin, 2002
Krefeld Heinrich, Res Romanae, Ein Begleitbuch für die latein. Lektüre, Frankfurt a. M., 1983
Kunzmann, u. a., dtv-Atlas Philosophie in 1 Band, München, 1991
Müller Andreas, Bibliographie für den Latein-Unterricht, Bamberg, 1994
Prechtl Peter, Lexikon der Philosophie, Stuttgart
Ziegler K., u. a., Der Kleine Pauly, Lexikon der Antike in 5 Bdn., München, 1979

Besondere Werke **zur Bebilderung:**

Richter G., Portraits of the Greek, London, 1943
Scheffold K., Bilder der antiken Dichter, Redner, Denker, 1994

Weitere spezifische Literatur im Lehrerband

Bildnachweis:

K. Schefold, Bildnisse antiker Dichter und Denker Redner und Denker, B. Schwabe Verlag Basel: S. 6, 8, 16, 23, 38, 40, 47, 61, 62, 83, 85, 91, 96, 99, 100
G. Richter, Portraits of the Greek, Phaidon Press London: S. 63
C. C. Buchner Verlag Bamberg: S. 9, 19, 27,30, 34, 37, 52, 56, 80
dtv Atlas Philosophie, Deutscher Taschenbuch Verlag München: S. 24, 45, 62, 66, 67, 71, 78, 87, 95, 99
Staatliche Museen Peußischer Kulturbesitz, Berlin: S. 46
Auer Verlag Donauwörth: S. 31, 32, 39, 48, 102, 103
Der Große Knaur, Droemer Knaur Verlag München: S. 88
Öffentliche Kunstsammlung Basel: S. 42, 54, 68
Berliner Ärzte-Zeitung: S. 17
Ravensberger Buchverlag: S. 92
J. Lindauer Verlag München: S. 77